# CSR経営
## パーフェクトガイド

### 川村雅彦
Masahiko Kawamura

Nanaブックス

# はじめに

　筆者は、かつて「2003年は『日本のCSR経営元年』」と題するレポートを書いた。つまり、日本企業がCSR（企業の社会的責任）を新たな経営課題として模索を始めたのが2003年であった。それから10年を経た現在、日本のCSRは、その60年に及ぶ独自の歴史の中で最も大きな転換期を迎え、岐路に立たされている。

　なぜかと言えば、CSRの国際規格ISO26000（社会的責任に関する手引）[※1]が2010年に発行され、CSRは世界が歩調を合わせながら新たに動きだしたからである。このグローバルな新潮流を背景に、日本企業は、"法令順守＋社会貢献＋環境対応"と言われる「日本型CSR」とは発想がまったく異なる「本来のCSR」へと転換する必要がある。

　それでは、「本来のCSR」とは何か。端的に言えば、ISO26000による定義である。すなわち、人権尊重を根底に置く持続可能な社会の実現に向けた、「企業の意思決定と事業活動が社会と環境に及ぼす影響に対する企業の責任」である。読者の皆さんの認識は、いかがであろうか。ISO26000は10年をかけて、世界のステークホルダー[※2]が議論し合意に達したものである。実際、CSRに関わる国際フレームワークやイニシアチブでは、ISO26000の定義に収斂している。

　グローバル時代にあって、日本企業は日本型CSRの"DNA"から脱却し、企業経営そのものである「本来のCSR経営」に転換しなければ、持続的な企業価値の向上は望めないであろう。グローバルな事業展開では、むしろ「CSRリスク」を抱え込んでしまうことになる。このような問題意識の下、『CSR経営パーフェクトガイド』と題する本書を世に問うことにした。

---

※1　ISO26000はあらゆる組織を対象とするが、本書では企業に特定して「企業の社会的責任」すなわちCSR（Corporate Social Responsibility）をテーマとする。
※2　消費者、政府、産業、労働、NGO、研究者などの６つのグループを代表する。

副題については、以下のような複数の案を考えたが、簡潔さの観点から割愛した。

- 社会的課題から考えると、本来のCSRが見える！
- グローバル時代に適応できない「日本型CSR」
- 「日本型CSR」と「本来のCSR」は何が違うのか？
- CSR経営は「企業基点」から「社会基点」へ
- いかに「本来のCSR」を経営に落とし込むか？
- 「本来のCSR経営」を極めると、統合思考につながる

いずれも、グローバル化が加速度的に進む中で、日本企業のCSRの現状に対する筆者の問題意識ないし危機感を表現したものである。企業はもとより、広く日本社会にも伝えたいメッセージである。ここで、3編から構成される本書の概要を紹介しておきたい。

第1編「岐路に立つ日本のCSR」では、60年に及ぶ独自の歴史の中で形成された日本型CSRが、グローバル時代には適応できず、むしろリスク促進要因となってきたことから、その"DNA"から脱却すべきことを述べる。具体的な章立ては、1章「日本型CSRはいかに形成されたのか」、2章「2000年代から始まったCSR経営の模索」、3章「海外では通用しない日本型CSR」である。

第2編「本来のCSRの姿」では、「日本型CSR」を脱却した日本企業が、めざすべき「本来のCSR」はISO26000による定義であることを確認する。併せて、「本来のCSR」と「CSV（共有価値の創造）」との本質的な違いを明らかにしたうえで、両者の同時実践が必要であることを述べる。章立ては、4章「CSRの本来の意味」と5章「第一CSRと第二CSRを提唱する」である。

第3編「いかに本来のCSRを経営に落とし込むか」では、社会的課題と自社事業の"関連性"に着目し、"自らのCSR課題"を特定する「本来のCSR経営」を提唱する。つまり、「企業基点」から「社会基点」への発想の転換を踏まえた、「本来のCSR経営」の全体見取図を提示する。そして、「本来のCSR」を経営に落とし込む手順と方法を実践的に解説する。章立ては、6章「社会的課題から考える本来のCSR経営」と7章「本来のCSRを経営に落とし込む方

法」である。

　なお、「本来のCSR」に密接に関係する第二CSR（CSV）と統合報告については、本文中で基本的なことは述べたが、本書の直接的なテーマではないため、それぞれの全体像を描き切れていない。そこで、機会があれば稿を改めたい。

　本書の想定する読者は、直接的には企業のCSR担当者である。ただし、グローバル時代を迎え、「本来のCSR経営」が文字通り経営課題となってきた現在、企業経営者にも是非お読みいただき批判を乞いたい。また、筆者がさまざまな企業との対話を通じて得た経験から、CSRは企業の存在する社会自体が持つ考え方を色濃く反映すると考えられる。そこで、本書はCSRに関心のあるビジネスパーソンや一般の方々にも広くお読みいただき、率直なご意見をいただきたいと思う。

　最後になり恐縮であるが、ウィズワークス株式会社の企画の高橋大輔氏ならびに編集の森西美奈氏には、本書の企画段階から相談に乗っていただき、またさまざまな状況の中で原稿の完成に向け辛抱強く励ましていただいた。あらためて、深くお礼を申し上げたい。

　　2015年1月

　　　　　　　　　　　　　　　　　　　　　　　　　川　村　雅　彦

# CONTENTS

はじめに…2

## 第1編　岐路に立つ日本のCSR…11

### 1章　日本型CSRはいかに形成されたのか

1.1　国内で独自の発展を遂げた日本型CSR
　　（1）60年の長い歴史を持つ、日本のCSR…12
　　（2）日本におけるCSRの時代区分…14

1.2　企業不祥事批判で形成された日本型CSR
　　（1）1960年代：産業公害に対する批判からの教訓…17
　　（2）1970年代：利益至上主義に対する批判からの教訓…18
　　（3）1980年代：生活ゆとり論議と米国発「企業市民」の普及…19
　　（4）1990年代：バブル後の倫理問題と地球環境問題からの教訓…20

1.3　4つの流れが合体した日本型CSRの"DNA"…21

### 2章　2000年代から始まったCSR経営の模索

2.1　2003年は「CSR経営元年」
　　（1）2000年代に頻発した不正行為と欧米型CSRショック…25
　　（2）CSR経営に転換し始めた日本企業…27
　　（3）企業だけではないCSRへの転換…29

2.2　"踊り場"で模索する日本企業のCSR
　　（1）環境経営からCSR経営へのシフト…34
　　（2）日本企業におけるCSR経営の悩み…36

### 3章　海外では通用しない日本型CSR

3.1　CSRの国際規格ISO26000の登場
　　（1）世界共通のCSRのモノサシ「ISO26000」…40
　　（2）ISO26000の基本的な考え方…42

3.2 日本型 CSR の "DNA" から脱却するとき
   （1）日本型 CSR のままで海外進出…48
   （2）サプライチェーンに潜む新たな CSR リスク…53
   （3）日本型 CSR がリスク促進要因に…54
   （4）これからの日本の CSR の方向性…62

# 第 2 編　本来の CSR の姿…65

## 4 章　CSR の本来の意味

4.1　なお混乱する日本の CSR
   （1）日本における典型的な CSR の誤解…66
   （2）「企業の持続可能性」と「企業の社会的使命」は CSR ？…68

4.2　ポーター教授による CSV の提案
   （1）CSR に取って代わるべき CSV の提唱…70
   （2）ポーター教授の問題意識に対する疑問…73

4.3　ドラッカーによる CSR の明確な位置付け
   （1）マネジメントにおける CSR の役割…76
   （2）2 つの領域において生ずる CSR…77

4.4　ISO26000 による CSR の統一
   （1）ドラッカーと同じ定義の CSR…80
   （2）ISO26000 が示す「本来の CSR」…81
   （3）ISO26000 の最大の功績…88
   （4）ISO26000 が日本企業に与えた影響…90

4.5　世界的に収斂する CSR の概念
   （1）世界的な試行錯誤が始まった「統合報告」（Integrated Reporting）…95
   （2）CSR の方向性を決める世界標準群…99

## 5 章　第一 CSR と第二 CSR を提唱する

5.1　第一 CSR と第二 CSR の両輪関係
   （1）社会貢献活動を超える「2 つの CSR」…106

（2）CSR と CSV の位置関係…107
　　　（3）第一 CSR と第二 CSR の共通点と相違点…111
　5.2　CSV への親和性が高い日本企業？
　　　（1）CSV として取り上げられる日本企業の事例…115
　　　（2）企業にとって CSV はどんな意味を持つのか…117
　5.3　「CSR と CSV に関する原則」の提言…118

# 第3編　いかに本来のCSRを経営に落とし込むか…127

## 6章　社会的課題から考える本来の CSR 経営

　6.1　「企業基点」では見えない「本来の CSR 経営」
　　　（1）「企業基点の CSR」と「社会基点の CSR」…128
　　　（2）「天動説 CSR」から「地動説 CSR」への大転換…129
　　　（3）社会的課題から見る CSR のパラダイムシフト…133
　6.2　解決すべき社会的課題の明確化
　　　（1）そもそも社会的課題とは何か…135
　　　（2）地球レベルの社会的課題…137
　　　（3）地域レベルの社会的課題…140
　　　（4）社会的課題の担い手の変化…142
　6.3　社会的課題が日本企業に与えるビジネスインパクト
　　　（1）社会的課題のビジネスインパクトに気付き始めた日本企業…143
　　　（2）社会的課題別に見た CSR 経営の先進事例…144
　　　（3）日本企業における「CSR 調達」の先進事例…158

## 7章　本来の CSR を経営に落とし込む方法

　7.1　「本来の CSR 経営」の全体見取り図
　　　（1）社会的課題から考える「本来の CSR 経営」の見取り図…162
　　　（2）効果的な CSR デューデリジェンス…164
　7.2　「本来の CSR」を経営に落とし込む方法の全体像
　　　（1）「本来の CSR」を経営に落とし込むための全体の流れ…166

(2)「本来のCSR」の経営への落とし込み手順の概要…167
7.3 【出発点】CSR経営の導入（見直し）を決定する
　　　(1) 意思決定がなければ「本来のCSR経営」は始まらない…171
　　　(2) CSR経営体制の整備は不可欠…172
7.4 【第一段階】社会的課題と自社特性を知る
　　　(1) ステップ①：社会的課題を理解する…173
　　　(2) ステップ②：自社の事業特性を再確認する…174
　　　(3) ステップ③：自社のステークホルダーを特定する…175
7.5 【第二段階】自社の重要なCSR課題を特定する
　　　(1) ステップ④：社会的課題と自社事業の関連性を判断する…176
　　　(2) ステップ⑤：自社のマテリアルなCSR課題を特定する…182
　　　(3) ステップ⑥：CSR経営の範囲を決定する…186
7.6 【第三段階】重要なCSR課題を経営に組み込む
　　　(1) ステップ⑦：マテリアルなCSR課題に優先順位を付ける…190
　　　(2) ステップ⑧：CSR経営を体系化し、KPIを策定する…194
　　　(3) ステップ⑨：「CSR中期計画」を策定し、企業統治に組み込む…199
7.7 【運用段階】CSR経営の進化・深化を図る
　　　(1) CSR中期計画のPDCAサイクルを回す…209
　　　(2) サステナビリティマインドの醸成とCSR浸透度の測定…211
　　　(3) ステークホルダーとのコミュニケーション…212

おわりに…215
刊行によせて　認定NPO法人　環境経営学会　会長　後藤敏彦…216

索引…218
文献一覧…222

# コラム一覧

【コラム 1】 1970年代のCSR論議と商法大改正…18
【コラム 2】 ISO14001による環境マネジメントシステム…24
【コラム 3】 経済同友会の2003年版「企業白書」におけるCSR…31
【コラム 4】 CSRデューデリジェンス…47
【コラム 5】 フェアトレード運動：援助でなく貿易を…74
【コラム 6】 製品事故の対応に見るメーカー2社の違い…81
【コラム 7】 ステークホルダー・エンゲージメントの効果…83
【コラム 8】 2つのアップルショック…85
【コラム 9】 統合報告とサステナビリティ報告の関連性…104
【コラム10】 国連グローバル・コンパクト（UNGC）…104
【コラム11】 ビジネスの前提条件：Social License to Operate…132
【コラム12】 「社会基点」の始祖は木川田一隆？…132
【コラム13】 日本企業における社会的課題の認識向上…135
【コラム14】 ISO26000のOECD多国籍企業行動指針への影響…140
【コラム15】 Play Fair at the Olympics Campaign…145
【コラム16】 人権・労働の国際規範に疎い日本企業…147
【コラム17】 アップルの「サプライヤー責任進捗報告書」…147
【コラム18】 マクドナルドの2020年サステナビリティ方針…150
【コラム19】 金融機関の「赤道原則」…152
【コラム20】 機関投資家による責任投資原則（PRI）…153
【コラム21】 IFC（国際金融公社）のパフォーマンススタンダード…155
【コラム22】 社会的課題の解決に向けた2つのアプローチ…158
【コラム23】 サステナビリティ：イラスト2題…161
【コラム24】 国際フレームワークにおけるマテリアリティの特定…170
【コラム25】 花王のCSR重要課題（マテリアリティ）の特定方法…183
【コラム26】 富士フイルムのCSR重要性評価マップ…185
【コラム27】 NECの7つのCSR優先課題…185
【コラム28】 10年後に想定される事業環境の変化…202

# 第1編
# 岐路に立つ日本のCSR

　欧米のCSRと比較して、日本のCSRは「法令順守＋社会貢献＋環境対応」と言われる。この日本型CSRの"DNA"とも言うべき特質は、1960年代から1990年代にかけて、日本企業が不祥事と反省・自戒を繰り返す中で、国内で独自に形成されたものである。

　2000年代になると、日本企業は自分たちとは異なる欧米のCSRを知った。これを機に日本企業は新しいCSRの模索を始め、その流れの中で2003年に「CSR経営元年」を迎えた。2010年にはCSRの国際規格ISO26000が発行され、CSRの定義と実践課題を統一した。

　他方、日本企業のアジアでの事業が拡大する中、現地法人やサプライチェーンで人権・労働に関するCSRリスクが顕在化し、日本型CSRは海外では通用せず、むしろリスク促進要因となっていることが分かってきた。日本のCSRはこのままでよいのか、岐路に立っている。

　そこで第1編では、まず日本型CSRの"DNA"はいかに形成されたのか、"欧米型CSRショック"を契機にCSR経営を模索する2000年代の日本企業を分析する。世界的にCSRの考え方が収斂する中で、グローバル時代に適応できない日本型CSRの"DNA"から脱却すべきときが来たことを論じる。

# 日本型CSRはいかに形成されたのか

## 1.1 国内で独自の発展を遂げた日本型CSR

### (1) 60年の長い歴史を持つ、日本のCSR

　CSRは日本企業にとって古くて新しいテーマである。読者の皆さんの中には、日本におけるCSRは10年くらい前に"黒船"のように欧米から突然突き付けられたもの、と理解されている方がいるかもしれない。しかし、実際には、経済同友会がCSR決議を行った1956年を「CSR元年」として、日本にはこれまで60年に及ぶ独自のCSRの歴史がある。

　CSR、すなわち「Corporate Social Responsibility」という言葉と概念そのものは、戦後まもなく米国から輸入され、その後国内で独自の発展を遂げてきたものである。長く日本語表記の「企業の社会的責任」が使われていたが、2000年頃から「CSR」というアルファベット表記が頻繁に使われるようになった。本書では、特に断らない限り「CSR」とする。

　『日本経済新聞』に掲載された「企業の社会的責任」の記事件数の推移を見ると、検索可能な1975年から現在に至るまで、CSR関連記事がなかった年はない（図表1-1参照）。ただし、2003年から急激に増え、後述するように、筆者は2003年を日本の「CSR経営元年」[※3]と呼ぶ。

---

※3　筆者は、日本企業がCSRを明確に認識したという意味で1956年を「CSR元年」と位置付け、CSRを経営課題として考えるようになったという意味で2003年を「CSR経営元年」と呼ぶ。詳細は後述する。

### 図表 1-1：「企業の社会的責任」の『日経新聞』掲載件数の推移

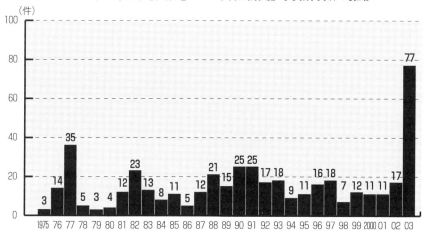

(注) 2004年以降は毎年300件を超す記事があり、最大は2005年の437件。
　　「企業の社会的責任」で検索しているため、「CSR」での検索を加えると倍増する。
(資料) 日経テレコンを基に筆者作成

● まずは日本型CSRの"DNA"の理解から

さて、経済同友会のCSR決議にもかかわらず、日本企業は高度成長期の1960年代以降、不祥事と反省・自戒を繰り返してきた。そのたびに国内でCSR論議が沸き起こり、その中で日本独特のCSRの考え方が醸成されてきたのである。この日本型CSRの"DNA"とも言うべき特質は1990年代までに形成されたが、欧米型CSRと比較すると、「法令順守＋社会貢献＋環境対応[※4]」という特徴がある。

この"DNA"が企業に限らず、日本社会のCSRに対する一般通念にもなってしまったようである。しかし、グローバル時代を迎えた現在においては、これが世界では通用しないことが分かってきた。むしろ、日本企業の海外展開においてはリスク要因にさえなっている。それゆえ、今後は「本来のCSR」を理解し、日本型CSRの"DNA"を超えていかねばならない。そのためには、そ

---

※4　藤井敏彦著『ヨーロッパのCSRと日本のCSR』(日科技連出版社刊、2005年) によれば、米国のCSRは「フィランソロピー＋地域社会＋企業市民」、欧州のCSRは「社会問題＋人権問題＋従業員問題」と要約できる。

の"DNA"の形成過程と特徴を理解しておく必要がある。

そこで本章ではまず、日本におけるCSRの起点となった1956年の経済同友会のCSR決議を紹介する。そして1960年代から1990年代にかけて、日本型CSRの"DNA"がいかに形成されたのかを概観する。2000年代に入ってからの日本企業におけるグローバルな視点でのCSRの模索については、次章で述べる。

## (2) 日本におけるCSRの時代区分
### ●起点となった経済同友会のCSR決議

CSRは米国では1920年代から経営学として研究されていたが、日本にその概念が導入されたのは戦後まもなくである。「企業の社会的責任」が「Corporate Social Responsibility」の日本語訳とされた。直接のきっかけは1953年に米国で出版されたボーウェン著『ビジネスマンの社会的責任』(日本経済新聞社刊、1960年)と言われ、これが戦後復興期を経た1956年の経済同友会のCSR決議につながったと考えられる。

経営者個人の集まりである経済同友会による、このCSR決議「経営者の社会的責任の自覚と実践」では、まずCSRについて明確に概念規定をした。

> 「そもそも企業は、単純素朴な私有の域を脱して、社会諸制度の有力な一環をなし、その経営もただに資本の提供者から委ねられておるのみでなく、それを含めた全社会から信託されるものとなっている」

これは株主価値の向上だけでなく、今で言う本業を通じたステークホルダー(利害関係者)価値の創造を訴えている。続けて、同決議は次のように明言する。

> 「現代の経営者は、倫理的にも実際的にも単に自己の企業の利益のみを追うことは許されず、経済・社会との調和において、生産諸要素を最も有効に結合し、安価かつ良質な商品を生産し、サービスを提供するという立場に立たなくてはならない。(中略)経営者の社会的責任とは、これを遂行することに外ならぬ」

日本企業の経営者が初めて自らの言葉でCSRを宣言したことで、このCSR決議は日本におけるCSRの起点と位置付けられる。また、社会と企業の持続可能性を同時にめざすという意味で、現在でもそのまま通用する。筆者は、このようなCSR決議が1950年代に行われたことに感銘を受ける。そして、これを読み返すたびにワクワクする。読者の皆さんは、いかがであろうか。

### ●10年周期の企業不祥事とCSR論議

　このような画期的なCSR決議が出たにもかかわらず、日本では戦後70年間にわたりほぼ10年周期で大きな企業不祥事が発生した。そのたびに「企業の社会的責任」の大きな論議が再燃し、企業が反省・自戒するパターンを繰り返してきた。ただ、各時代の経済社会状況に応じてCSRの論点が異なるため、日本におけるCSRの時代区分は10年ごとに分けることができる（図表1-2参照）。

　この筆者独自の時代区分は、1956年の経済同友会のCSR決議を起点とし、日本企業がCSRを明確に認識したという意味で、その年を日本の「CSR元年」と位置付けている。その後の全体的な変遷としては、1960年代から1990年代までは日本型CSRの"DNA"の形成期であり、2000年代以降はグローバルな視点からのCSR経営の模索期となった。そして現在、日本のCSRは大きな岐路に立っている。

　日本におけるCSRの歴史の中で特筆すべきは、1970年代と2000年代にCSR論議が大きな"社会現象"となったことである。その結果、企業の社会的責任やCSRという言葉が、日本の社会や企業に定着したのである。もう一つの特筆点は、2010年にISO26000（社会的責任に関する手引：CSRの国際規格）が正式に発行されて、CSRの定義が世界的に統一されたことである。これにより、日本型CSRの"DNA"とは本質的に異なる「本来のCSR」の姿が明らかになった。

## 図表1-2：日本における CSR の時代区分

| 起点 1956年 | 経済同友会の決議「経営者の社会的責任の自覚と実践」<br>⇔ 日本の「CSR元年」 | |
|---|---|---|
| 1960年代 | 産業公害に対する企業不信・企業性悪説<br>⇒ <u>公害対策基本法の成立（特定汚染規制、出口管理）：1967年</u><br>⇒ <u>産業公害に対する工場現場での個別の排出規制対策</u> | |
| 1970年代 | 列島改造論・石油ショック後の企業の利益至上主義批判<br>⇒ CSRと商法改正の大論争、CSR国会決議：1974年<br>⇒ <u>公害部の創設、利益還元型財団の設立</u> | |
| 1980年代 | 相次ぐ総会屋事件とカネ余り・バブル拡大<br>⇒ <u>企業市民としてフィランソロピーやメセナの展開</u> | |
| 1990年代 | バブル崩壊と企業倫理問題、地球環境問題の顕在化<br>⇒ <u>日本経団連「企業行動憲章」の制定：1991年</u><br>⇒ ISO14001（環境マネジメントシステム）の発行：1996年<br>⇒ <u>企業行動規範の策定、地球環境部の設置</u> | ここまでは国内独自視点で日本型CSRのDNA形成 |
| 2000年代 | 相次ぐ企業不祥事、欧米型CSRの襲来<br>⇒ <u>エコファンド・SRIの登場、CSR格付の普及</u><br>⇒ グローバル・コンパクト、GRIの登場：2000年<br>⇒ <u>CSR部・室の設置、ステークホルダーの認識</u><br>⇔ 2003年は日本の「CSR経営元年」 | 日本型CSRと欧米型CSRの反発・理解・模索<br>⇒日本型CSRの過渡期 |
| 2010年代 | ISO26000（CSRの国際規格）の発行：2010年<br>⇒ <u>日本経団連「企業行動憲章」の前文改定：2010年</u><br>⇒ <u>ISO26000に基づくCSR経営・報告の見直し</u><br>⇒ <u>グローバル・サプライチェーンのCSRへの取り組み</u><br>IIRCの「統合報告」公開草案の公表：2011年 | ここからは世界的視点でCSRの概念・実践・報告の統一への模索 |

（注）図表中の下線は企業の対応を示す。
（資料）筆者作成

## 1.2 企業不祥事批判で形成された日本型CSR

### (1)1960年代：産業公害に対する批判からの教訓
◉甚大な人的被害と社会的弊害をもたらした産業公害

1960年代にCSRが問われたのは、重化学工業を中心とする高度経済成長の過程で企業が私的利益を優先した結果、水俣病に代表される産業公害の人的被害と社会的弊害が深刻化したからである。例えば、工場の未処理廃水による水質汚染や亜硫酸ガスによる大気汚染を原因とする公害病（水俣病、イタイイタイ病、四日市ぜんそく、安中公害など）、有毒物混入食品による発病（PCBによるカネミ油症など）、薬害（サリドマイド禍など）など人体被害が相次いで発生した。

そのため「企業の無過失責任」が問われ、産業公害に対する住民運動や被害者の抗議活動が活発化し、訴訟も相次ぎ企業不信が高まった。これに対して1967年に「公害対策基本法[※5]」が成立し、有害化学物質を大気や水域への排出直前に除去することが義務付けられた（汚染物質の排出端での直接規制という出口管理型の対症療法的ではあったが）。

◉法令順守と公害対策は日本型CSRの"DNA"の土台

当時、公害原因企業の被害者や社会に対する不誠実な態度から、企業不信の高まりとともに企業性悪説さえ唱えられた。そこで、企業は製造業を中心に、生産現場で法令・規制を忠実に守って公害対策を実施することがCSRと理解された。これが法令順守と公害対策を重視する日本型CSRの"DNA"の土台になったと考えられる。

他方、脱硫・脱硝や廃水処理など浄化装置の法的な設置義務が、日本企業の公害防止技術の発展を促したのも事実である。さらに1970年代の石油ショックに伴う省エネ技術の向上と相まって、後年の環境技術の飛躍的な発展につながったことが、日本型CSRの環境対応への親和性をより高めたと考えられる。

---

※5 典型7公害（大気汚染、水質汚濁、土壌汚染、騒音、振動、地盤沈下および悪臭）を規定した。

## (2) 1970年代：利益至上主義に対する批判からの教訓
### ●企業の利益至上主義への批判と沸き上がるCSR論議

1970年代に入ると、折からの日本列島改造論を背景に地価が高騰し、行きすぎた企業の土地投機や商社の商品投機が社会問題化した。特に1973年の石油ショック後には、石油業界をはじめ企業の便乗値上げや買い占め・売り惜しみで生活物資が高騰し、国会で狂乱物価が集中審議され、企業の利益至上主義が強く批判された。1974年には石油連盟が独占禁止法違反で強制捜査を受け、この頃頻発した欠陥商品問題もあって、国内に反企業ムードが広がった。

このような厳しい企業批判を背景に、1970年代前半には「企業の社会的責任」（当時はCSRと表現せず）の論議が社会的に沸き上がり、2000年代に匹敵するほどのCSRに関する著書や論文が出された。また通商産業省（当時）や日本経済新聞社、日本生産性本部などは、それぞれ総合的な企業評価指標を提案している。その内容を見ると、当時としては斬新な"CSR格付"であった。さらに、商法学者と経済団体を巻き込んだ「CSRの法制化」についての論議も活発となり、1974年の商法大改正時にはCSRを筆頭項目とする「国会付帯決議」が行われた（コラム1参照）。

### ●この時期に日本型CSRの"DNA"の基本形が確立

このような国内のCSR論議の盛り上がりに対して、1973年には諸経済団体は"企業のあるべき姿"について提言した。しかし、多くの企業の対応は、公害部の創設や利益の社会還元のための財団設立にとどまった。このような事情から、企業の発想として「CSRは経営の根幹に関わるものではないが、法令順守、社会貢献、公害対策（環境対応）が必要」という日本型CSRの"DNA"の基本形がこの時期に確立したものと考えられる。ちなみに、「企業の社会的責任」という言葉が初めて『現代用語の基礎知識』（自由国民社刊）に登場したのは1973年であった。

---

**コラム1** 1970年代のCSR論議と商法大改正

企業統治（企業経営の意思決定の在り方）や会社制度などを規定

する商法（現在の会社法）も、時代ごとの企業不祥事を経てたびたび改正されてきた。商法改正の中で最もCSRに関係するのは、"商法改正の原点"と呼ばれる1974年大改正時の「国会付帯決議」である。なぜなら、CSRの法制化が法制審議会で検討課題の一つとされたからである。

　当時、商法改正によるCSRの法制化には賛否両論があった。日本経団連は1975年の『日経産業新聞』に「商法改正をめぐる問題点」と題する意見を連載した。最初にCSRを取り上げ、CSR自体は否定しないものの、法制化にはなじまないとして婉曲に反対した。翌1976年には、関西経済連合会も「経営倫理の問題であり、会社法の性格には合わない」とする意見書を発表した。

## ⑶ 1980年代：生活ゆとり論議と米国発「企業市民」の普及
### ●企業と従業員の関係が注目されるも、CSRとはならず

　1980年代はCSR論議の後退期ともいわれる。上場企業の総会屋事件などが少し話題となったものの、1970年代後半の企業の反省・自戒により大きな企業不祥事がなかったからである。

　そのような中で、1985年のプラザ合意による急激な円高の影響で日本企業は海外に進出するようになり、欧米の企業文化や国民生活に接してカルチャーショックを受けた。日本国内では長時間労働や海外から"ウサギ小屋"と揶揄された住宅事情など生活のゆとりのなさ、また男女不平等待遇の改善も広く国民に認識され、企業と従業員の関係がCSRとして注目されるようになった。しかし、これらの課題は明確なCSRのテーマとはならなかった。

### ●企業市民の普及により「CSR＝社会貢献」の定着

　企業のカネ余りからバブルの予兆がある中で、「企業市民」の概念が米国から導入された。1980年代前半は企業財団の設立ブームとなり、本業とは直接関係のない学術・芸術・福祉などの分野で助成を通じた社会貢献活動が活発化し、公益法人協会が初の「日本の助成型財団要覧」をまとめた。

　財団の母体企業でも音楽会やスポーツ競技の冠イベントや大学への寄付講座

を中心にフィランソロピー(慈善事業)やメセナ(芸術支援)が盛んとなり、1990年に企業メセナ協議会、日本経団連1％クラブが設立された。これらの動きを背景に「CSR＝社会貢献活動」という発想が日本社会に定着したと言える。

## (4) 1990年代：バブル後の倫理問題と地球環境問題からの教訓
### ●バブル崩壊で再び強調された企業倫理と法令順守

1980年代末期から日本社会はバブル景気に沸いたが、1990年前後をピークに株価や地価のバブルははじけた。バブル崩壊の過程で、証券会社の大口投資家への損失補填、建設業の談合、機械メーカーのココム（当時の対共産圏輸出統制委員会）違反、さらには不正経理による大手金融機関の破綻などが続出し、国際的にも企業不信を招いた。バブル経済の危うさを憂慮した日本経団連は、1991年に「企業行動憲章」を制定することになる。これに呼応する形で日本企業は大企業を中心に自主的な行動規範を策定し、再びCSRとして企業倫理や法令順守を強調するようになった。

### ●地球環境問題の顕在化で公害対策から環境経営へ

他方、1990年代に入って、オゾン層破壊、熱帯雨林破壊、地球温暖化などの地球環境問題が顕在化した。1992年には世界の首脳が環境問題で初めて一堂に会した「地球サミット」がリオ・デ・ジャネイロで開催された。日本の環境政策も汚染物質を排出端で除去する「直接規制手法」から、市場原理を取り入れ創意工夫を促す「経済的手法」に大きく転換した。これにより企業には従来の公害対策に加え、事業活動と製品・サービスの両面で環境負荷の低減が求められるようになった（図表1-3参照）。その結果、企業の公害対策は「環境経営」へと拡大した。

公害対策の経験から環境問題への親和性が高くなっていた日本企業は、1996年にISO14001（環境マネジメントシステムの国際規格）が発行されると、欧州などの海外事業も見据えてその認証を競うように取得し、公害部を解消して地球環境部を設置した。1999年には日本初のエコファンド[※6]が登場し、第三者

---

※6 財務面と環境経営に優れた企業を選定し、投資家から預かった資金を投資信託
としてその株式に投資する金融商品。SRI（社会的責任投資）の一形態。

による"環境格付"も普及した。この変化の中で日本企業が得た教訓は、地球環境の持続可能性とともに、PDCA型マネジメントサイクルやサプライチェーンなどの新しい概念への対応であり、後の「CSR経営」につながった。

**図表1-3：産業公害と地球環境問題に対する環境政策の違い**

|  | 産業公害に対する政策 | 地球環境問題に対する政策 |
|---|---|---|
| 原因 | 特定企業による特定地域の特定環境汚染、被害も特定地域に限定 | 各主体の環境負荷は個々には軽微でも、全体で地球環境劣化 |
| 目的 | 特定地域の環境汚染の防止 | 持続可能な地球環境の実現 |
| 対象 | 特定の環境汚染行為のみ | 環境に負荷を与える行為すべて |
| 規制 | 有害物質の直接的な排出規制（出口管理型でプロセス不問） | 社会・経済のグリーン化（環境調和型の仕組みづくり） |
| 手法 | 有害物質の排出基準の順守義務（排出基準未満は不問） | 「経済的手法」や「枠組規制手法」を含むポリシーミックス（複数の政策を組み合わせた経済政策） |
| 技術 | 公害防止技術（脱硫・脱硝装置、廃水処理） | グリーン・イノベーション（環境の技術革新・事業革新） |
| 法令 | 公害対策基本法、自然環境保全法 | 環境基本法、環境基本計画 |
| 企業 | 直接規制に対応する公害対策 | 環境経営の仕組みづくりと実践 |

（資料）筆者作成

●1990年代までに形成された日本型CSRの"DNA"

これまで述べてきたことから、「法令順守＋社会貢献＋環境対応」と言われる日本型CSRの"DNA"は、1960年代から1990年代にかけて企業不祥事批判や公害・環境問題からの教訓を積み重ね、国内での議論によって形成されたことを理解していただけたと思う。しかしながら2000年代に入ると、このような日本独自の考え方とは異なるCSRが欧米からもたらされたのである。

## 1.3 4つの流れが合体した日本型CSRの"DNA"

前項で、日本型CSRの"DNA"は1990年代までに企業不祥事などの教訓の積み重ねで形成されたと述べた。しかし、より正確に言えば、日本型CSRの

"DNA"は軸となるべき基本理念がないままに4つの"流れ"が合体した、と筆者は考えている。なぜなら、日本型CSRは要素論的で、経営者や論者によって着目点が異なり、その違いも大きいからである。日本型CSRの性格を総括的に言えば、不正行為と利益至上主義への批判に対応する自己規律型の「企業基点」の発想が強く、社会の持続可能性に貢献する「社会基点」の発想は弱い。

日本型CSRの"DNA"を形成した4つの流れとは、法令順守（コンプライアンス）、社会貢献、環境対応、そして"目に見える"ステークホルダーである（図表1-4参照）。以下、それぞれについて簡単にまとめる。

### 図表1-4：理念なく4つの流れが合体した日本型CSRの"DNA"

| | | |
|---|---|---|
| 企業不正行為の続発 | コンプライアンスの確立 | |
| 利益至上主義の批判 | 社会貢献活動の推進 | 日本型CSR |
| 産業公害の批判 | 地球環境問題の認識 | |
| 企業中心社会の変容 | ステークホルダーの認識 | |

（資料）筆者作成

### ●企業不祥事の反省・自戒の積み重ねによる「法令順守」

なぜ、日本型CSRは法令順守をそれほど重視するのか。1960年代から繰り返される企業不祥事に対する社会や市場からの厳しい批判を目の当たりにして、企業はその信頼を回復するために、まずは企業倫理や法令順守を徹底する姿勢を対外的に示す必要があった。社内的には企業不祥事の再発防止に向けて、内部統制やコンプライアンス教育に努めるようになった。

I章　日本型CSRはいかに形成されたのか

つまり、企業の存続性に焦点を合わせ、社会や市場からの批判を和らげつつ企業不祥事を防止するために、自己規律的な企業倫理や法令順守をCSRの柱と位置付けるようになったのである。そして、倫理委員会やコンプライアンス委員会などの法令順守のための社内体制の整備にも腐心している。なお、後述するように、法令順守はCSRの原則ではあるが、その本質は"Beyond Compliance"である。

### ◉本業とは直接関係のない利益還元型の「社会貢献」

「CSR＝社会貢献活動」とする考え方は、今でも日本企業全体に根強い。法令違反や不正行為など企業体質のネガティブな側面に対する企業批判を受け、企業イメージの改善をめざして1970年代以降に利益の社会還元のために企業財団が数多く設立された。特に、1980年代前半は設立ブームとなった。母体企業とは別組織である財団の社会貢献活動ながら、それによって母体企業も社会的な貢献ができるという発想が定着したようである。

このような社会貢献活動は、それまで日本企業には乏しかった社会的視点を醸成したという点では大きな意味がある。しかし、長年培われたCSRの"DNA"であるがゆえに、本業とは直接的な関係のない利益還元型の社会貢献が日本型CSRに定着した。さらに、1980年代に米国から輸入された、地域社会に貢献する良き「企業市民」の概念ともうまく融合したのである。

### ◉産業公害の経験と地球環境問題の顕在化による「環境対応」

日本企業は環境問題に関心が高く、ISO14001の認証取得数も2005年には2万件を超し、世界のトップクラスである。これは1960年代の産業公害の苦い経験に負うところが多い（コラム2参照）。一方で、脱硫・脱硝装置や廃水処理などの公害防止技術や自動車の排ガス規制対応、エネルギー効率の高い環境技術などの開発も含めて、日本企業は従来から環境問題への親和性が高い。

特に1990年代に地球環境問題が顕在化したことで地球環境の持続可能性を認識し、多くの日本企業が環境マネジメントシステム（EMS）を導入して「環境経営」へと転換した。サプライチェーンにおける環境配慮（グリーン調達）も始まった。当初は製造業中心であった環境経営は、次第に金融機関を含む非

製造業にも浸透していった。

●企業価値の向上につながる"目に見える"「ステークホルダー」

　日本社会の企業中心の価値観は、高度経済成長期に多様なステークホルダーを運命共同体として内部に取り込む形で形成されてきた。しかし、企業不祥事の頻発で社員のモラルの脆弱さや内向きの企業風土が指摘され、情報開示や透明性あるいは説明責任が信頼回復の要諦となった。その変化の中で、企業がこれまで認識していなかった新しいステークホルダー群が登場し、その利害や期待を尊重することが企業価値の向上にもつながることが理解されてきた。

　特に、1990年代になって、従業員の生活のゆとりや働きやすさ、あるいは消費者権利の保護、調達先との共存などの新たな取り組みが始まった。しかし、これは国内で企業から"目に見える"ステークホルダーへの対応であり、海外サプライチェーンにおける新興国や途上国の労働現場での人権問題や貧困問題にはなお疎いままである。近年、日本企業のCSR報告書の目次が、"目に見える"ステークホルダー別に構成[※7]されることが多くなったことは、その証左である。

> **コラム2**　ISO14001による環境マネジメントシステム
>
> 　ISO14001は、民間機関ISO（国際標準化機構）が定めた環境分野の中核となる国際規格である。環境マネジメントシステム（EMS）の認証仕様を定めた規格であり、1996年に発行、2004年に改定された。1992年のリオの地球サミットで、持続可能な開発のために民間企業の参加を求めたことが背景にある。
>
> 　ISO14001は、EMSを構築するときに従うべき事項を定めている。その基本がPDCAサイクルである。Plan（計画）→Do（実施）→Check（点検）→Act（是正）のプロセスを繰り返し、システムを継続的に改善する仕組み。トップダウン型の管理により、環境方針の策定などに経営責任者の関与を求める。

---

※7　ごく最近になって、社会的課題別の目次構成のCSR報告書も増えてきた。

# 2000年代から始まった CSR経営の模索

## 2.1 2003年は「CSR経営元年」

(1) 2000年代に頻発した不正行為と欧米型CSRショック
●頻発する不正行為に対する厳しい批判への対応

　1990年代のバブル崩壊の後遺症が一段落して2000年代に入ると、今度は日本を代表するようなブランド企業の不正行為が相次いで明らかになった。2000年に食品メーカーの食中毒事件や自動車メーカーのリコール隠し、2002年に複数の食品メーカーの牛肉偽装や電力会社の原発トラブル隠し、2004年には総合商社のDPF（ディーゼル微粒子フィルター）データ捏造などが発覚した。このような2000年代前半の企業不祥事に対して再び社会から厳しい批判を浴びたが、その多くが内部告発により発覚したことも特徴的であった。

　2000年代後半には、かつて"食品業界の常識"とも言われた産地偽装、期限切れ材料の使用などが立て続けに発覚し、消費者の食の安全意識を背景に企業の存続問題にもなった。このときも企業体質や企業倫理、法令順守が厳しく問われた。折からの保険会社のいわゆる保険金不払いについても、"契約者の請求主義"に基づくとは言うものの、同質の問題が指摘された。

　企業の信頼性が根底から揺らぐ事件の続発を目の当たりにして、2000年代は1970年代前半に匹敵するCSR論議が再び大きな"社会的うねり"となった。国内の多様な主体が、企業に対して企業倫理や法令順守はもとより"経営の在り方"を根本的に見直すことを強く求めた。また、大学の研究者やシンクタンク、

NPOなども加わって、「CSRとは何か」という議論も盛んになった。このような中、2004年に日本経団連はCSRの観点から「企業行動憲章」を改定した。

●欧米型CSRの襲来と日本企業の反発

他方、時を同じくして2000年頃から日本型CSRとは概念が異なる欧米型CSRが、遠慮なく日本企業（上場企業）に押し寄せて来るようになった。欧米の調査機関からSRI（社会的責任投資）[※8]の銘柄選定のための膨大な英文アンケート攻勢に見舞われたのである。これによって日本型CSRは大きな転機を迎えることになったが、その意味では"黒船"だったのかもしれない。

SRIアンケートでは法令順守や環境問題だけでなく、日本企業にはなじみのない企業統治や人権・雇用・労働あるいは海外調達など幅広い社会的課題への対応が問われた（図表2-1参照）。当初、日本企業は欧米型CSRに接して反発[※9]したが、SRIは世界の投資家からの「CSR格付」でもあり、違和感を覚えながらも回答せざるを得なかった。

### 図表2-1：2000年頃のSRI調査機関のCSR評価基準（例示）

|  |  |
|---|---|
| 排除業種 | アルコール、ギャンブル、タバコ、軍需関連、原子力発電 |
| コミュニティー | ＋面：多額の寄付、貧困層支援、住宅支援、教育支援<br>－面：投資関連の係争、企業活動による悪影響 |
| 雇用 | ＋面：昇進、家族の配慮、障害者、同性愛者<br>－面：係争案件、男性だけの取締役・上級管理職 |
| 労使関係 | ＋面：労組との協調、利益配分、従業員参画、退職給付<br>－面：労組との敵対、従業員の安全健康事案、人員削減 |
| 環　境 | ＋面：環境配慮商品、公害防止、代替燃料、環境対話<br>－面：危険廃棄物、規則違反、大量排出、化石燃料消費 |
| 国外事業 | ＋面：コミュニティー貢献、従業員、環境配慮、製品革新性<br>－面：特定国での操業、児童労働、係争中の事案 |
| 製　品 | ＋面：品質プログラム、貧困層への製品・サービス提供<br>－面：製品危険性、営業・契約上の係争、反トラスト法違反（カルテル） |
| 企業統治 | ＋面：役員報酬限度、優良関連企業<br>－面：高額役員報酬、税金の係争、反社会的関連企業 |

（資料）2000年頃の米国KLD（当時）の公表資料を基に筆者作成

※8　株式投資の際に、財務分析に加えCSRの観点からも投資先を選定すること。
※9　当時、日本企業が反発した評価項目の一つが、児童労働や強制労働である。これは、グローバルなサプライチェーンのCSRに対する認識の欠如にほかならない。

### ●日本型CSRの転機

さらに、2000年には企業行動原則を定めた国連による「グローバル・コンパクト」(コラム10参照) や、CSR報告書の記載項目を提示した国際NPOのGlobal Reporting Initiative (GRI) による「持続可能性報告ガイドライン (第1版)」が公表された。こうした状況を背景に、日本企業は欧米型CSRを次第に理解できるようになり、新しいCSRの模索が始まった。これが、ガラパゴス化した日本型CSRからの「過渡期の10年」の始まりである。

こうした動きの中で、2003年にはリコーを筆頭に問題意識の高い日本企業は、CSR部・室を設置して「CSR経営」に転換した。これと軌を一にするように、国内でも投資信託の形でSRIファンドの開発・販売が本格化した。日本企業がここで得た教訓は、企業倫理や法令順守の再認識にとどまらず、グローバルな視点から「社会の持続可能性」とともに、企業統治や説明責任、新しいステークホルダーの認識であった。CSRを経営課題と位置付けるようになったという意味で、筆者は2003年を「CSR経営元年」と呼ぶ (詳細は後述する)。

しかし、2000年代も企業不祥事が相次ぎ、多くの企業は企業倫理や法令順守への対応に忙殺され、CSRを社会の持続可能性から考えるには至らなかった。経済同友会は2006年の自己評価レポート「日本企業のCSR」で次のように憂慮している。「企業不祥事が後を絶たず、本来は企業と社会の相乗発展をめざすべきCSRが、依然として不祥事防止を中心に語られている現状はきわめて遺憾である」。

## (2) CSR経営に転換し始めた日本企業
### ●日本の「CSR経営元年」となった2003年

2003年は、日本企業が経営レベルでCSRを考えるようになった「CSR経営元年」である。象徴的だったのは、リコーが同年1月1日に社長直轄のCSR室を設置し、CSR担当役員を任命したことである。続いて、帝人、ボーダフォン (当時)、ソニー、松下電器産業 (当時)、ユニ・チャームなどもCSR経営への転換を機関決定した (図表2-2参照)。このような動きは、それまで見られなかったことである。

この年にCSRの体制整備を始めた企業も多い。例えば、三菱電機、富士ゼロ

ックス、NEC、東芝、富士通やアサヒビールなどである。当初は製造業中心であったが、流通業のイトーヨーカ堂のように「企業行動委員会」を設置した企業もある。また、CSR担当役員をまず任命した企業も少なからず見られた。その後、これらの企業は日本のCSR経営をリードしていくことになる。

### 図表2-2：2003年にCSR経営に転換した先進企業（例示）

| | |
|---|---|
| リコー | 2003年1月に社長直轄の「CSR室」を設置。担当役員（専務）の下、人事・企画出身の室長、環境・法務各2名、総務1名の6名構成。当初は法令順守と環境対応に重点を置くも、労働・人権も視野に入れた「CSR行動規範」を策定し、「CSR委員会」にてグループ企業や主要サプライヤーに準拠を要請。 |
| 帝人 | 新ロゴマーク採用を機にCSR経営を機関決定し、2003年に「コンプライアンス・リスクマネジメント室」を設置。従来のレスポンシブルケアの取り組みが、環境・安全・健康・防災の意識を強め、Dow Jones Sustainability Global Indexesのテキスタイル＆フットウェア部門で、2年続けてリーディングカンパニーに認定。 |
| 松下電器産業（当時） | 2003年4月に「CSR情報連絡会」を設置。CSRの共通認識をサプライヤーも含めて確立すべく、欧米の地域統括会社と規定を整備。同社のノンフロン冷蔵庫が成功した背景には、世界的環境NPOグリーンピースが同社に早期商品化を求めていたこともあり、NPOや消費者の意見を積極的に聞く姿勢が特徴的。 |
| ユニ・チャーム | 2003年4月に環境推進、品質推進、商品安全、薬事の4部門を集約して「CSR部」を新設。部長（執行役員）以下、社内選抜の専門職25名で構成。従来部門任せであった環境・品質・安全・薬事などをコーポレートとして統合し、コスト意識を踏まえたCSR経営を目指す。CSRは同年度の重点方針の一つ。 |
| ソニー | 2003年3月に環境経営全般を担当してきた「社会環境部」を機能別に4分割。「環境・CSR戦略室」がCSRを担当し、全社戦略を所掌する総務部門のグローバルハブに属するコンプライアンス部門に所属。CSRの戦略立案・実行・監督の分離が組織再編の特徴であり、狙いはガバナンス機能の強化。 |

（資料）諸資料より筆者作成

### ●調達基準にもCSRを導入

　CSR経営に取り組み始めた企業は、グループ企業を含めて自らを律するだけでなく、原材料や部品などの資材調達先にもCSRを要請し始めた。これは「CSR調達」と呼ばれ、環境経営における「グリーン調達」（調達先の環境経営を推進し環境負荷を削減すること）と考え方は同じである。調達先や発注先を含めてCSR推進体制を構築することは、経営リスクの回避・軽減だけでなく、企業ブランドの維持・向上にも不可欠であると認識されるようになった。これは、SRI評価項目にCSRに関するサプライチェーン・マネジメント（SCM）が取り入れられていたことも要因の一つである。

　日本企業のSCMの先進事例を挙げると、以下の通りである。

　電機電子業界ではリコーが新たに策定したCSR規範についてグループ企業や主要調達先にも対応を求め、ソニーは新規取引先の決済口座開設に際して、環境対応に加え人権擁護や法令順守などを評価基準とした。松下電器産業（当時）は中国などへの生産移転に伴う現地調達や新規取引先の急増に対応するためにCSR調達基準を策定した。

　食品業界のアサヒビールは、原材料の調達先に対してCSRアンケートや現地調査を行い、その結果を調達先の選定評価に反映させた。また複数の食品メーカーでは、素材や原料を遡って素材の安全性をチェックする「トレーサビリティ」を導入した。

## (3) 企業だけではないCSRへの転換

　筆者が2003年を「CSR経営元年」と呼ぶのは、企業（事業会社）だけがCSR経営に転換したからではない。経済団体をはじめ業界団体、金融機関、監査法人、評価機関や行政機関、さらにシンクタンクやNPOなどが、CSRに関わる動きを活発化させたからである。むしろ、これらの動きがCSR経営元年の形成を加速させたと言うべきかもしれない。

### ●金融機関・機関投資家にもCSR普及

　「金融においても、環境を考えることができる」。これを具体的な形（投資信託）で示したのが、1999年に日本に初めて登場したエコファンドである。その

社会的認知が進む中で、環境に加えて法令順守、消費者、従業員などCSRの視点から企業を評価する、本邦金融機関による個人投資家向けのSRIファンドの開発・販売が次第に増えていった。その資産残高は投資全体から見れば多くはなかったが、この間SRIを担ってきたのは、証券・銀行・損保・生保などであった。

　2003年には住友信託銀行（当時）が企業年金向けのSRIファンドを開発し、企業を評価する立場として、自らもCSRを担当する「社会活動統括室」を新設した。ニッセイアセットマネジメントは、海外の年金基金向け企業統治ファンドを開発し販売を始めた。

　また、東京都教職員互助会は、年金積立金の一部を特定金銭信託として、2003年から自主運用のSRIファンドを開始した。日本の年金資金が自らCSRで企業選別を始めたことは画期的であった。そのスクリーニング（銘柄選別）助言は、エコファンドを日本に初めて導入したSRI専門の投資顧問会社グッドバンカーである。

### ●企業監査にもCSRの視点

　企業監査の新基準導入により2003年3月期決算から、上場企業に対して企業存続に関わる重要なリスク情報の開示が義務付けられた。経営リスク情報には財務関連事項だけでなく、「ブランドイメージの著しい悪化」も含まれる。企業が法令順守を含めCSRに関わる不祥事を起こし、あるいはその対処を間違った場合、法律的制裁リスクにとどまらず、顧客や消費者などから受ける市場的・社会的制裁リスクとなるからである。なお、監査法人がグループ会社を通じてCSR報告書の第三者保証を開始したのも、この頃からである。

### ●経済団体もCSRを強く認識

　2000年代初期に発覚した一連の企業不祥事を目の当たりにして、経済団体も危機感を募らせた。その再発防止に向けて、日本経団連は会長の陣頭指揮の下、2002年に「企業行動憲章」を改定した。この改定では、会員資格の停止・除名・退会を含む罰則強化にも言及された。

　この経団連による憲章改定を契機に、不祥事を起こした業界を中心に業界団

体が再発防止策を策定した。2002年末に日本ハム・ソーセージ工業協同組合、日本貿易会、電気事業連合会は、コンプライアンス特別委員会や信頼回復委員会などを設置し、鉄鋼連盟、自動車工業会、電機工業会なども独自の取り組みを公表した。

　経済同友会は2003年の「企業白書」で、CSRの意味を再確認した上で、CSRとコーポレート・ガバナンスに関する企業評価基準を公表した（コラム3参照）。さらに経営者自身の自己評価のために、110項目からなる評価指標も提示した。同友会が2002年末に行った経営者を対象とするアンケート結果によれば、経営トップのCSRに対する認識は高いものの、実際にCSR戦略を立案・実行しているのは1割に満たなかった。

> **コラム3**　経済同友会の2003年版「企業白書」におけるCSR
>
> 　1956年にCSR決議を行った経済同友会は、2003年の「第15回企業白書『市場の進化』と社会的責任経営」で、CSRについて次のように述べている。
>
> > 企業を社会の公器として、その「社会的責任」を広い「社会に対する責任」として捉える立場をとれば、企業経営に関わるすべてのステークホルダーを視野に入れ、その時代の社会のニーズを踏まえて優先順位やバランスを決めるのが経営者の仕事である。
>
> 　これは、「社会的責任」を主、「経済的責任」を従とすることではなく、むしろ両者を包含するコンセプトとして「企業の社会的責任」を認識し、すべてのステークホルダーを視野に入れながら、両者をその時代の社会ニーズを踏まえて高い次元で調和させ、社会と企業の相乗発展を実現しようというものである。

● **行政もCSRに積極的関与**

　国もCSRへの対応策に乗り出した。経済産業省ではISOのCSR規格化（後の

ISO26000)の動きに対応すべく、2002年末に「CSR標準委員会」（事務局は日本規格協会）を設置した。この委員会には、日本経団連、関西経済連合会、東京商工会議所などの経済団体とともに、イトーヨーカ堂、資生堂、リコー、NEC、損保ジャパン（当時）などの企業も参加した。なお、経済産業省は別途、「企業の内部統制システムのあり方」の検討も開始している。

内閣府所管の国民生活審議会（消費者政策部会）は、2003年に企業の不正行為を通報した内部告発者を保護する「公益通報者保護制度」に関する報告書をまとめた。また同部会では、2001年施行の消費者契約法を受けて、2002年に消費者の信頼獲得に向けた「自主行動基準指針」を策定している。

### ●NPOなどによるCSR評価基準の公表

2003年は、多様な主体によるCSRのセミナー・シンポジウムも目白押しであった。例えば、日本能率協会は創立60周年事業でCSRを踏まえた環境経営シンポジウムを開催し、GRI日本フォーラム（現在のサステナビリティ日本フォーラム）はCSRの研究会を立ち上げた。筆者も参加した環境経営学会の環境経営格付機構は、2002年度から企業との対話型の「CSR経営格付」を開始している。

図表2-3に、2003年に環境経営格付機構と経済同友会が公表したCSR評価基準の大項目を示す。前者では各評価側面の「戦略」「仕組み」「成果」が問われた。後者ではCSRの4領域における「仕組み」と「成果」の現状と目標設定、さらにコーポレート・ガバナンスでは「現状」を評価対象とした。

なお、この頃から1970年代と同様に、大学の研究者も少なからずCSRについて積極的な発言を行っている。また、2000年代前半には環境関連の学部や学科・講座などを新設する大学が増え、その後CSR関連の講義も多くなっている。

## 図表2-3：2003年当時のCSR評価項目の事例

・環境経営格付機構（2003年版）

| I 経営健全性 | |
|---|---|
| A | 経営理念 |
| B | 企業倫理 |
| C | 情報開示と説明責任 |
| D | 経営リスクマネジメント |
| **II 環境保全** | |
| E | 地球温暖化防止、省エネルギー |
| F | 資源循環・廃棄物抑制 |
| G | 化学物質管理 |
| H | 土壌汚染対策 |
| I | 自然環境の保全 |
| J | グリーン調達 |
| K | エコデザイン |
| L | 物流 |
| M | 環境会計 |
| **III 社会・文化** | |
| N | 地球社会への貢献 |
| O | 社会ストックの形成 |
| P | 顧客・消費者への配慮 |
| Q | 労働安全衛生 |
| R | 雇用・就業の機会均等 |
| S | 女性の就業支援・自己実現 |

・経済同友会（「企業評価基準」2003年）

| I 企業の社会的責任（CSR） | |
|---|---|
| 市場 | ・持続的な価値創造と新市場創造 |
| | ・顧客に対する価値の提供 |
| | ・株主に対する価値の提供 |
| | ・自由・公正・透明な競争・取引 |
| | ・市場からの信頼の構築 |
| 環境 | ・環境経営推進のマネジメント体制 |
| | ・環境負荷軽減 |
| | ・情報開示とコミュニケーション |
| | ・信頼の構築 |
| 人間 | ・優れた人材の登用と活用 |
| | ・従業員の能力向上 |
| | ・ファミリー・フレンドリーな職場環境 |
| | ・働きやすい職場環境 |
| 社会 | ・社会貢献活動の推進 |
| | ・情報開示とパートナーシップ |
| | ・政治・行政との適切な関係 |
| | ・国際社会との協調 |
| | ・信頼の構築 |
| **II コーポレート・ガバナンス** | |
| 1. 理念とリーダーシップ | |
| 2. マネジメント体制 | |
| 3. コンプライアンス | |
| 4. ディスクロージャーとコミュニケーション | |

（資料）各機関資料より筆者作成

## 2.2 "踊り場"で模索する日本企業のCSR

### (1)環境経営からCSR経営へのシフト
●先行した環境経営の定着

　2003年は日本のCSR経営元年となったが、それができたのは、日本企業には既に「環境経営」が根付いていたからである。製造業を中心に、従来の公害対策的な「環境対策」から環境問題を経営課題として考える「環境経営」へ転換したのは1990年代後半である。その後、金融業を含む非製造業も環境経営に取り組むことになるが、背景には地球環境問題に関する世界的な動きがいくつかあった。

　1992年にリオ・デ・ジャネイロで世界初の「地球サミット」が開催され、それを機に日本では翌年の1993年に「公害対策基本法」を廃止して「環境基本法」が新たに成立した。この環境基本法を核として、1990年代には廃棄物処理・リサイクルや地球環境問題に対応するさまざまな環境法令が制定され、従来の公害対策である直接規制手法を脱して企業の創意工夫を求める市場原理を活用した経済的手法が取り入れられた。

　環境経営の直接の契機となったのが、1996年にISO14001が発行されたことである。これを受けて、環境問題に親和性の高い日本企業は競うように第三者認証を取得し、「環境経営」に転換したのである。加えて、地球環境問題（特に地球温暖化）は企業経営に関わる重要課題であることも判明してきたからであった。翌1997年には京都で「気候変動枠組条約第3回締約国会議（COP 3）」が開催され、先進国の2012年までの温室効果ガスの削減目標を定めた「京都議定書」が採択されたことも追い風となった。

●環境報告書を発行する企業の増加

　環境経営の実績が積み上がってきた日本企業は、広く社会に向けて「環境報告書」を自主的に発行するようになった。発行企業数は、環境情報の開示を求めるISO14001の発行を契機に、1990年代後半から年々増加し、2004年度には800社を超えた[※10]。これは大企業の約1/3に相当する（図表2-4参照）。

※10　現在、大企業では1000社以上がCSR報告書で環境報告を行っている。

この頃には、日本の環境先進企業の環境報告書は世界的にも誇れる水準に達していた。環境経営の推進体制や取り組み内容を中心とする定性的な「環境マネジメント情報」だけでなく、取り組みの結果である定量的な「環境パフォーマンス情報」を報告する企業が確実に増えた。

**図表2-4：2000年前後に増加した環境報告書の発行企業数**

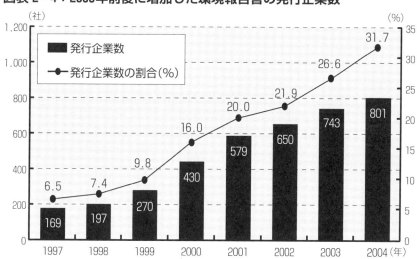

(注) 1996年にISO14001発行。「発行企業数の割合（％）」はアンケート回答企業数に対するもの。
(資料) 環境省「環境にやさしい企業行動調査」各年度版を基に筆者作成

### ●環境報告書からCSR報告書へ

2000年頃から、報告書の名称が環境報告書であっても、社会的情報を記載する企業が増えてきた。その後、名称を「環境・社会報告書」や「持続可能性報告書」、「CSR報告書」へと変更する企業が相次いだ[11]。ただし、リコーやNECのように、開示情報の量と質の低下を懸念して、環境報告書とCSR報告書を分離して発行する企業も散見された。NSCの調査（大企業)によれば、「環境に特化」した報告書を発行した企業は2003年には5割を超えていたが、2010年頃までには環境報告書のほぼすべてがCSR報告書に移行している。

---

※11 本書では、これらを総称して「CSR報告書」と呼ぶことにする。

当初、環境的側面に比べると、社会的側面の開示情報は質量ともに不十分であったが、2003年度から2005年度にかけての3年間で、社会的側面の情報を開示する企業は着実に増えた。開示内容は、従業員、人権、製品・サービス責任、社会・倫理であり、中でも従業員関連の情報を開示する企業の増加が著しく、それまでは少なかった人権関連も伸びた。従来から「企業市民」や「企業倫理」「地域社会」は多かったが、法令順守や業務慣行に関連する「汚職・腐敗防止」や「競争・価格設定」の開示も増え始めた（図表2-5参照）。ただし、なお日本型CSRの"DNA"が反映されたCSR報告であることがうかがえる。

### ●環境経営からCSR経営への広がり

　これまで見てきたように、2000年代の中頃に日本企業は環境経営からCSR経営へと大きく踏み出した。特に、後に2010年に正式発行されることになるISO26000※12の内容も次第に明らかになってきた。それにより、環境は当然ながら、CSRは法令順守や単なる社会貢献では済まされないことが、日本企業にも少しずつ理解されるようになったのである。その意味で、日本企業の環境経営からCSR経営への広がりは必然であった、と言うことができる。

## (2)日本企業におけるCSR経営の悩み
### ●コンプライアンスから入った日本のCSR経営

　2000年代になって日本企業はCSR経営に取り組み始めたが、思考回路にある"DNA"のせいか、共通することはコンプライアンスからCSR経営に入ったことである。特に、2000年代前半に頻発した企業不祥事に対する社会や市場からの厳しい批判を目の当たりにして、まず自社のコンプライアンス体制の見直しや整備に注力せざるを得なかったことは容易に想像できる。
　当時、いかに企業不祥事を起こさないかという観点から、「CSR＝コンプライアンス」とする風潮さえあった。法令順守はCSR経営の基盤であることは間違いないが、重要なことは、この基盤を踏まえて、CSR経営は何のために何を

---

※12 ISO26000は企業に限らず、あらゆる組織の「社会的責任（SR）」に関する国際規格である。環境のISO14001とは異なり、第三者認証の対象とはならないガイダンス（手引）である。次章で詳しく述べる。

### 図表 2-5：CSR 報告書による社会的側面の開示企業の増加

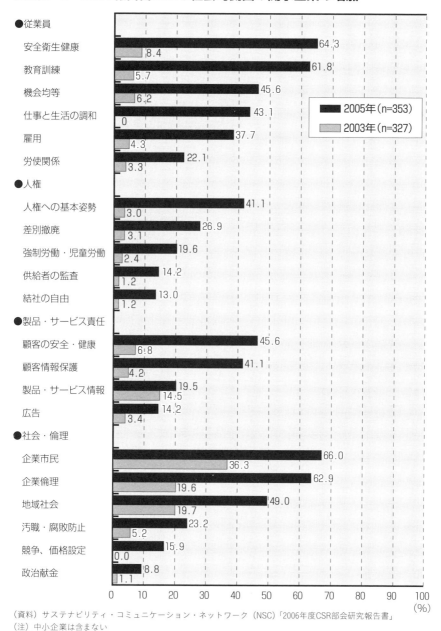

（資料）サステナビリティ・コミュニケーション・ネットワーク（NSC）「2006年度CSR部会研究報告書」
（注）中小企業は含まない

行うのかを自ら明らかにすることである。

### ●方向性の見えない取り組み中心の社会性報告

　企業がCSR経営で何をめざし、何を実践し、そして何が達成できたのか。CSR報告書は、それを発行する企業のCSR経営の実態を如実に表す。それでは、2000年代中頃の日本企業のCSR報告書から読み取れる当時のCSR経営はどうだったのか。一言で言えば、PDCAの"Plan"が曖昧なまま、"Do"中心のCSR経営であった。

　CSR報告書に記載される社会的側面は、創業の精神や社是・社訓から始まり、企業憲章や行動規範、CSR推進体制、そしてCSRの個別取り組みの説明が中心であった。CSR経営の達成状況や今後の課題などの「社会パフォーマンス」を報告する企業は少なかった。これは、社会的側面の理念はあっても、CSRの方向性が曖昧ゆえに、到達点や数値目標、実行計画も不明瞭であったことを物語っている。

### ●模索が続く2000年代の日本のCSR経営

　このように方向性がはっきりしないCSR経営となったのは、経営トップのCSRに対するコミットの弱さ（明確な決意表明の欠如）を表しているとも言える。当時よく見受けられたCSR報告は、「取り組み事項ありき」の要素論的なもので、「自社がめざすCSRの姿」や「めざすべき社会の姿」からの発想は少なかった。しかし、CSR報告書を発行する企業の多くがCSR経営を真剣に模索していたことも事実であり、一方的に批判することはできない。

　今振り返ると、2003年の日本の「CSR経営元年」は、正確にはCSR経営の"模索元年"であった。日本企業はキーワード「社会の持続可能性」を認識するも、日本型CSRには全体を統合する基本軸がなかったため、CSR経営は断片的な印象が強かった。しかしながら、2000年代後半になると、日本企業は模索の中で自社なりのCSRの定義を定め、それに基づくCSRの実践テーマを見いだすようになった。

　それゆえ、CSR経営を模索する中で一定の到達感はあったものの、思考のパターン化に陥ったようだ。CSR報告書の目次構成や記載内容もパターン化し、

"満足感なき足踏み"とも言える状態になっていた。例えば、国内で"目に見える"ステークホルダー別の目次編集（逆に言えば、海外の事業やサプライヤーなどへの関心は薄かった）、あるいは自社の事業やプロダクトとCSRを関連付けた「特集」が一つの流行となった。一方で、人事・労務データの公表には社内の抵抗が強かったと聞く。グループ企業への浸透も意外と進まなかった。

このような当時の状態を、筆者は「"踊り場"で模索する日本企業のCSR」と呼んだが、その悩みの構図として4つの要因を指摘できる（図表2-6参照）。

まずはCSRの定義の曖昧さ・多義性であり、基本軸がなかったこと。2つ目はCSRの経営戦略上の位置付けが曖昧で、明確なビジョンが描けなかったこと。3つ目はステークホルダーに語るべき話題に乏しく、コミュニケーションが不十分となったこと。最後は、自社独自のCSR体系と世界標準（GRIやISO26000など）との不整合の認識であるが、結果的にこれが2010年代の次の段階への足がかりとなったと考えられる。

### 図表2-6：2000年代の日本企業におけるCSRの悩み：4つの要因

| (1) CSRの定義の曖昧さ・多義性、基本軸のなさ |
|---|
| ➢ 社是・社訓は具体的な行動基準とはならない |
| ➢ 法令順守、環境対応、顧客満足、従業員対応、社会貢献の集合体 |
| ➢ 総花的で全体を統括する基本軸がない　⇒戦略性や優先順位が曖昧 |
| **(2) CSRの経営戦略上の位置付けが不明確** |
| ➢ 経営層の理解・認識が弱い　⇒明確なビジョン・目標が描けない |
| ➢ 従業員の意識が低い　⇒従業員教育の不足、「自分の問題ではない」 |
| ➢ 費用VS.効果が見えにくい　⇒グループ企業やグローバル展開が困難 |
| **(3) ステークホルダー・コミュニケーションの不十分さ** |
| ➢ 「本業でのCSR」の呪縛　⇒主力商品との関連付けが曖昧 |
| ➢ いかにCSR報告書を読んでもらうかに腐心　⇒CSR報告書の「作品化」 |
| ➢ 評価機関からは高いCSR格付をもらいたい　⇒GRIなど世界標準との対照表 |
| **(4) 自社のCSR体系と世界標準との不整合** |
| ➢ CSRの取り組みと報告における網羅性と重要性のバランスをどう取るか？ |
| ➢ 自社のCSR体系とISO26000（案）の中核主題との整合性をどう取るか？ |
| ➢ 社会の持続可能性と企業の持続可能性の2軸から考え始める！ |

(資料) 筆者作成

# 海外では通用しない日本型CSR

## 3.1 CSRの国際規格ISO26000の登場

### (1)世界共通のCSRのモノサシ「ISO26000」
◉ISO26000の狙いと構造

　日本企業のCSR模索が続く中、2010年11月にCSRの国際規格であるISO26000「社会的責任に関する手引」が発行された。その10年(実務的には約5年)にわたる開発には、ISOとしては従来にない方法であるマルチ・ステークホルダー・プロセス[※13]が採用され、新興国・途上国を含む90を超える国・地域および約40機関の専門家が関与した。CSRの領域の広さや歴史・文化・宗教などの違いを超えて共通のガイダンスを策定するためには必然と言えるが、それ自体がCSRの性格を表している。実際、世界中から政府・産業・労働・消費者・NGO・研究者の6セクターの代表が参加したのである。

　このようなプロセスを経て開発されたISO26000の根底にある狙いは、地球環境・地球社会の持続可能性であり、その実現に向けてCSRの定義と7原則を明確に示した。また、CSRの本質や特徴について、詳しく解説している。そのうえで、CSRの「中核主題(Core Subjects)」と呼ばれる7つの取り組み領域と、それぞれについての「実践課題(Issues)」として合計36項目を明示し、さらに300を超す「期待される行動」を具体的に提示した。

---

※13 先進国の専門家を中心とする従来型のISO規格開発とは異なり、関係するさまざまなステークホルダーが一堂に会する方式での規格開発である。

3章　海外では通用しない日本型CSR

　本節では、ISO26000によるCSRの根幹に関わる定義と原則、そして中核主題と実践課題の要点を確認しておきたい。なお、ISO26000は企業に限らず、あらゆる組織を対象とした「社会的責任（SR）」のガイダンス（手引）であるが、本書では便宜的に企業に着目してCSR（企業の社会的責任）として話を進める。なお、説明に当たってはISO26000の英語原文[※14]から、筆者なりに意訳した。

### ●CSRの明快な定義と「Beyond Compliance」

　そもそも、ISO26000はCSRとして何を求めているのか？　それまでCSRについては国や論者によって考え方や表現が異なり、多義語で分かりにくかった。しかし、ISO26000はCSRを「<u>透明かつ倫理的な行動を通じた、企業の意思決定と事業活動</u>[※15]<u>が社会と環境に及ぼす影響</u>[※16]<u>に対する企業の責任</u>」と明快に定義した。この影響には、プラスとマイナスの両面を含む。

　透明かつ倫理的な行動とは、具体的には以下のことを指す。
- 持続可能な社会の実現に貢献する
- ステークホルダーの期待に配慮する
- 法令等を順守し、国際行動規範と整合性を図る
- 企業全体に組み込み、企業の影響力の範囲内で実践する

　ここで、日本企業が陥りやすいCSRと法令順守に関する誤解について、注意を喚起しておきたい。1章で述べたように、「法律を守っていればCSR」と単純に理解する日本企業は少なくない。しかし、ISO26000（3.3.2）では、法令順守をもっと広く捉え、「法の支配の尊重」と「法的拘束力のある義務の順守」が基本であり、CSRの根本原則と位置付ける。さらにCSRの実践では、「法令順守を超えた行動」と「法的拘束力のない他者に対する義務の認識」も必要と明言する。

　これがBeyond Complianceであり、CSR経営では重要な論点である。特に、グローバルに事業展開する日本企業には不可欠な認識である。なぜならば、法

---

※14 INTERNATIONAL STANDARD ISO26000　Guidance on social responsibility First edition 2010
※15 Activitiesの訳で、業務プロセスとプロダクト（製品・サービス）を含む。
※16 Impactsの訳として「影響」が使われることが多い。

令が未整備あるいは法令があっても実効性が低い国や地域では、いくら法令順守と唱えても意味をなさないからである。その場合には、「ソフトロー[※17]」と呼ばれる国際的な企業行動規範などを基準にして行動する必要がある。それは、後述するようにサプライチェーンのリスクマネジメントにもつながる。

## (2) ISO26000の基本的な考え方
### ●CSRの7原則

CSRの目標は、企業が自らの及ぼす影響に対して本業（プロセスとプロダクト）における責任ある行動により、持続可能な環境・社会の実現のために最大限の貢献をすることである。ISO26000はこの目標達成に向けて「CSRの7原則」を明示した（図表3-1参照）。この原則は、次に述べる中核主題とともにCSR概念の根幹をなすものである。

### 図表3-1：ISO26000による「CSRの7原則」

| | |
|---|---|
| 説明責任 | 企業は、自らの社会と環境および経済に及ぼす影響について説明責任を負う。 |
| 透明性 | 企業は、社会と環境に影響を及ぼす意思決定や事業活動に透明性を保つ。 |
| 倫理的な行動 | 企業は、いかなるときも倫理的に行動する。 |
| ステークホルダーの利害の尊重 | 企業は、自らのステークホルダーの利害を尊重し、それに考慮し対応する。 |
| 法の支配の尊重 | 企業は、法の支配を尊重することが義務であることを受け入れる。 |
| 国際行動規範の尊重 | 企業は、法令順守の原則とともに国際行動規範を尊重する。 |
| 人権の尊重 | 企業は、人権を尊重し、その重要性と普遍性を認識する。 |

（資料）ISO26000英語原文を基に筆者作成

---

※17 立法府などにより明文化された法令である「ハードロー」に対する言葉。

7原則のうち、「説明責任」と「透明性」はCSRの定義に直接関わるもので、中核主題の中で最も基礎的な「企業統治」と関連しながら、企業の誠実さを表す根幹となる原則である。「法令順守（法の支配の尊重）」は、ISO26000の検討段階では中核主題の一つとされていたが、最終的には「国際行動規範の尊重」と同様に原則の一つに位置付けられた。「人権の尊重」は中核主題でも取り上げられており、ISO26000が人権を重視していることの証しである。

### ●CSRの7中核主題

企業が自らのCSRとして取り組むべき実践課題を特定し、その優先順位を設定できるように、ISO26000は上記の7原則を踏まえて、CSRの7つの中核主題を提示した。すなわち、企業統治、人権、労働慣行、業務慣行、消費者課題、環境、およびコミュニティー参画・開発である（図表3-2参照）。バリューチェーン（価値連鎖）については、それぞれ該当する中核主題の中で解説されている。

### 図表3-2：ISO26000における「CSRの7つの中核主題」

全体と個別を見据えたホリスティック・アプローチ

| 人権 | 労働慣行 | 業務慣行 | 消費者課題 | 環境 | コミュニティー参画・開発 |

企業統治

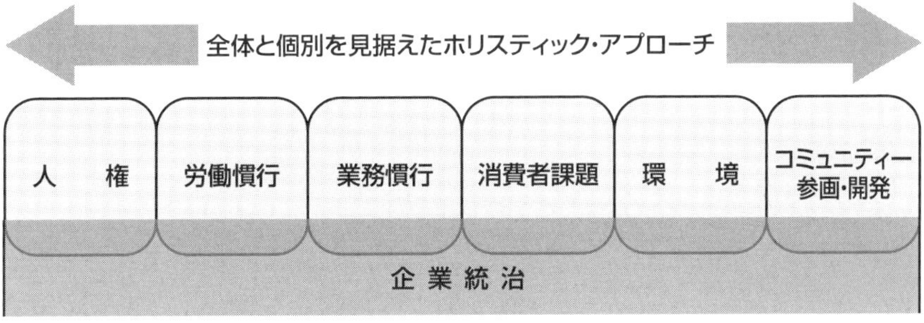

（資料）ISO26000英語原文を基に筆者作成

各中核主題の主要な論点を図表3-3に示す。7つの中核主題の中で最も重視されるのが企業統治である。企業統治とは、企業の意思決定とそれを実践するための仕組みであり、正式な構造やプロセスだけでなく企業独自の文化や価値観も含まれる。すべての中核主題は相互に関連しつつ補完し合うものであり、効果的な企業統治が行われるならば、他の中核主題もCSRの原則に沿った行動

が可能となる。つまり、特定の中核主題に偏ることなく、すべての中核主題との相互依存性に配慮しつつ、全体的な視点から社会的に責任ある意思決定が必要である。これをホリスティック・アプローチという。

　企業統治を日本では株主価値を高めるための経営監視と狭く理解する傾向がある。しかし、CSRの文脈においては、企業統治は企業が自らの意思決定と事業活動の及ぼす影響に責任を持ち、その社会的責任を企業全体とさまざまなステークホルダーに理解かつ実行させる最も決定的な仕組みである、とISO26000は明言する。それゆえ、筆者は企業統治を「CSRの基盤構造」と呼んでいる。

### 図表3-3：ISO26000による「CSRの7つの中核主題」の論点

| | |
|---|---|
| 企業統治 | 企業の意思決定とそれを実行する仕組み。CSRの7原則を組み込み、リーダーシップの下で企業文化に高める。 |
| 人権 | 企業は、その影響力の範囲も含めて、人権を尊重する責任がある。それにはデューデリジェンスが必要である。 |
| 労働慣行 | 雇用創出と労働対価は企業の最も重要な社会に対する貢献。安全衛生・労働時間・賃金ならびに労働者組織の承認を含む。 |
| 環境 | 環境への影響を軽減するべく、自らが及ぼす直接・間接の影響に配慮した包括的な手法を導入する。 |
| 事業慣行 | 他組織との取引における倫理的な行動。バリューチェーンを含む汚職防止、公正な競争、責任ある政治的関与など。 |
| 消費者課題 | 製品・サービスを使用する個人消費者に対する責任。正確な情報提供、公正な契約と紛争解決、安全衛生など。 |
| コミュニティー参画・開発 | 地域コミュニティーの発展に貢献すべく参画し、市民社会の強化とともに市民の立場に立った価値観を向上させる。 |

（資料）ISO26000英語原文を基に筆者作成

●CSRの36の実践課題

　中核主題にはそれぞれCSRの具体的な実践課題が明記されており、企業統治を除いて合計で36項目ある（図表3-4参照）。

　ここで、実践課題の中で日本型CSRからは発想しにくい項目（図表3-4の※）について、簡単に説明しておきたい（なお、詳細は4章4.4節で解説する）。

## 図表3-4：ISO26000によるCSRの7つの中核主題と36の実践課題

| 中核主題 | 実践課題 |
|---|---|
| 企業統治 | （社会的責任を果たすための意思決定システム） |
| 人権 | ①人権デューデリジェンス（問題発見プロセス）※ |
| | ②人権に関する危険な状況の認識 |
| | ③加担の回避（他者の人権侵害の見過ごしも不可）※ |
| | ④人権に関する苦情の解決 |
| | ⑤差別および社会的弱者（機会均等）の認識 |
| | ⑥市民的・政治的権利 |
| | ⑦経済的・社会的・文化的権利 |
| | ⑧労働における基本的原則と権利 ※ |
| 労働慣行 | ①雇用および雇用関係 |
| | ②労働条件および社会的保護 |
| | ③社会的対話（労組との関係） |
| | ④労働における安全衛生 |
| | ⑤職場における人材育成および訓練 |
| 環境 | ①環境汚染の予防 |
| | ②持続可能な資源の使用 |
| | ③気候変動の緩和と適応 |
| | ④環境保護、生物多様性、自然生息地の回復 |
| 事業慣行 | ①汚職防止 |
| | ②責任ある政治的関与 |
| | ③公正な競争 |
| | ④バリューチェーンにおける社会的責任の推進 ※ |
| | ⑤財産権の尊重 |
| 消費者課題 | ①公正なマーケティング、情報および契約慣行 |
| | ②消費者の安全衛生の保護 |
| | ③持続可能な消費 |
| | ④消費者サービス、支援、苦情および紛争解決 |
| | ⑤消費者データとプライバシーの保護 |
| | ⑥必要不可欠な公共サービスへのアクセス |
| | ⑦消費者教育と認識向上 |
| コミュニティー参画・発展 | ①コミュニティー参画 ※ |
| | ②教育と文化 |
| | ③雇用創出と技能開発 |
| | ④技術開発と技術へのアクセス |
| | ⑤富と所得の創出（付加価値の分配） |
| | ⑥地域の健康（公衆衛生） |
| | ⑦社会的投資 |

（注）※は、日本型CSRからは発想しにくい項目
（資料）ISO26000英語原文を基に筆者作成

①**人権デューデリジェンス（Due diligence）**
　人権尊重のため、企業は自らの行動や自らに関係する他者の活動から発生する人権に関する、実際のあるいは潜在的な影響を特定し、防止かつ対処する責任を負う。そのためにはデューデリジェンスという問題発見のプロセス・手法が有効である（CSR監査ともいわれる）。具体的には人権方針の策定、人権への影響調査、人権侵害への対処・回復などが必要である（コラム４参照）。なお、デューデリジェンスは人権だけでなく、あらゆる中核主題に適用できる。

②**加担の回避**
　加担とは、一種の連帯責任である。法的な意味では、違法行為と知りながら実行に実質的な影響を及ぼす行為ないし不作為を指す。法的でない意味では、広範な社会的期待から生まれ、国際的な行動規範と合致しない行為について、社会・環境・経済に重大なマイナスの影響を及ぼすことを知っていた場合には加担と見なされる。また、そのような不法行為に沈黙していた場合や不法行為から利益を得た場合も同様である。

③**労働における基本的原則と権利**
　国際労働機関（ILO）が提唱する労働における４つの基本的権利（結社の自由と団体交渉権の承認、強制労働の禁止、児童労働の廃止、雇用・職業における差別の排除）は、国際社会が認める「基本的人権」として位置付けられる。これらの権利は多くの国で法律により定められているが、海外での事業展開やサプライチェーンでは日本の労働慣習とは異なるため、企業は慎重に取り組みを精査すべきである。

④**バリューチェーンにおける社会的責任の推進**
　企業は調達を通じて、バリューチェーンにおける環境や社会に及ぼす影響に対して責任を負う。企業は、直接の調達先だけでなく、その再委託先の潜在的影響や意図しない結果にも配慮して、マイナスの影響の回避や最小化に努める必要がある。そのためにはデューデリジェンスが有効であり、企業がリーダーシップを発揮することで調達先などの社会的責任の導入を促すことができる。

⑤**コミュニティー参画**
　コミュニティー参画は日本型CSRの地域貢献活動に似ているが、そのめざすものは地域の抱える社会的課題の解決である。これにより地域のニーズや優先

事項を知ることはできるが、自らの事業に伴う本来の社会的・環境的な影響に対する自らの責任がなくなる訳ではない。特に海外での事業や調達においては、先住民族などの"正式な組織"ではない利害集団も存在することを認識し、その尊重が求められる。

> **コラム4　CSRデューデリジェンス**
>
> 　CSRの文脈におけるデューデリジェンスは、企業の意思決定と事業活動が及ぼす社会的・環境的・経済的なマイナスの影響を回避・緩和するために、その影響を明確にする包括的な問題発見プロセスである（ISO26000の7.3.1）。これにより、現実に起きている、あるいは潜在的なマイナスの影響を自ら発見できる。これを「CSR監査」と訳すこともある。
>
> 　世界最大の食品メーカーであるネスレの人権デューデリジェンス・プログラムは、以下の8項目から構成されている。
> - 人権の既存または新規の経営方針への組み込み
> - 人権問題に関する幅広いステークホルダー・エンゲージメント
> - 従業員の人権研修と能力開発
> - 事業活動における人権リスクの評価
> - リスクの高い就業地における人権影響の評価
> - 社内人権チームを介した人権活動のコーディネート
> - 人権活動のための先進組織とのパートナーシップ
> - 人権パフォーマンスのモニタリングと報告

## ●300を超す期待される行動

　さらに、各実践課題の中で「期待される行動[18]」を詳細に提示しており、合わせて300を超す。図表3-5に人権と労働慣行の一部を紹介するが、その採否は企業の事業特性やステークホルダーの期待などを考慮して判断することに

---

[18] ISO26000の英語原文では「related actions and expectations」である。

なる（7章にて詳しく述べる）。これが、ISO26000が"企業行動ガイダンス"と呼ばれるゆえんである。

### 図表3-5：ISO26000によるCSRの「期待される行動」(一部)
【人権】

| 実践課題1 | 人権デューデリジェンス |
|---|---|
| ① | 人権方針を策定する |
| ② | 事業活動の人権への影響を評価する |
| ③ | 人権方針を社内へ浸透させる |
| ④ | 人権侵害の追跡手段を確立する |
| ⑤ | 人権侵害への対処方策を確立する |

【労働慣行】労働法と労働慣行は国や地域により異なる。

| 実践課題1 | 雇用および雇用関係 |
|---|---|
| ① | すべての労働が法的に認められた男女によって行われることを確認する |
| ② | 雇用関係を偽って、法が雇用主に課している義務を回避しない |
| ③ | 雇用に影響を及ぼす閉鎖を行う場合、合理的・時宜的な通知を行う |
| ④ | すべての労働者に平等の機会を確保し、直接・間接の差別をしない |
| ⑤ | 恣意的ないし差別的な解雇慣行があれば、排除する |
| ⑥ | 労働者の個人データないしプライバシーを保護する |
| ⑦ | ディーセントな労働条件の組織とだけ（下請）契約する方策を講じる |
| ⑧ | 提携先、供給業者、下請業者の不公正・搾取的・虐待的な労働慣行から利益を得ない |

（資料）ISO26000英語原文を基に筆者作成

## 3.2 日本型CSRの"DNA"から脱却するとき

### (1)日本型CSRのままで海外進出
● 「サプライチェーンのCSRリスク」に疎い日本企業

　近年のグローバル化の中で、安価な労働力、豊富な資源、拡大する消費市場を求めて、現地法人の形で日本企業の海外進出（特にアジア）が続いている。しかし、ISO26000が発行されたにもかかわらず、進出先でのCSRに関わるリスクを認識しないまま海外に出ていくので、現地で環境や人権・労働などに関わる問題をNPOなどから突然指弾されて、トラブルを抱え込むケースが増え

ている。

　このことは、海外における資材調達においても同様である。直接的な契約関係にない再委託の二次・三次の海外調達先であっても、そこで環境や人権・労働の問題が起きると、遡って発注元（最終ブランド企業）の責任が厳しく問われる。これを「サプライチェーンのCSRリスク」と呼ぶが、近年、日本の複数の大企業がこの問題に遭遇している。まさに、海外サプライチェーンのCSRリスクに疎い日本企業と言わざるを得ない。

　そこで、まず日本企業の海外進出と資材調達の現状を概観してみよう。

### ●日系海外現地法人の増大

　経済産業省の「第42回海外事業活動基本調査」によれば、日系海外現地法人はこの20年間に全世界で2倍以上、アジアでは3倍以上となり、2011年度末現在で約1万9300社[19]がある。その内訳は製造業の約8700社（45％）に対して、非製造業はやや多く約1万600社（55％）である。製造業の現地法人については、輸送機械や化学工業、情報通信機械が多く、非製造業では卸売業が約半数を占め、次いでサービス業や運輸業が多い（図表3-6参照）。

　これを進出地域別に見ると、北米や欧州がそれぞれ14％であるのに対して、アジアは約1万2100社と全体の63％を占め、中でも中国とASEANでの立地が多い。特に中国では約5900社と全体の30％を占め、なお拡大傾向にある。またベトナムやインドなど「その他アジア」も増加している。

　ちなみに図示してはいないが、製造業の海外生産比率についても漸増傾向にあり、2011年度では国内全企業の18％に対して、海外進出企業ではその2倍に近い32％と3割を超えている。

---

[19] 経済産業省の調査には金融業、保険業、不動産業を含まない。東洋経済新報社の「海外進出企業総覧」では金融・保険業、証券・投資業、不動産業なども含まれ、同年の総数は約2万5000社である。

### 図表3-6:日系海外現地法人の立地数(2011年度末)

| 業種 | 法人数(社) | 比率 |
|---|---|---|
| 全産業 | 19,250 | 100.0% |
| 製造業 | 8,684 | 45.1% |
| 輸送機械 | 1,720 | 8.9% |
| 化学工業 | 1,088 | 5.7% |
| 情報通信機械 | 1,007 | 5.2% |
| 生産用機械 | 546 | 2.8% |
| 電気機械 | 528 | 2.7% |
| 食料品 | 440 | 2.3% |
| 繊維 | 407 | 2.1% |
| 金属製品 | 403 | 2.1% |
| 非製造業 | 10,566 | 54.9% |
| 卸売業 | 5,318 | 27.6% |
| サービス業 | 1,587 | 8.2% |
| 運輸業 | 1,019 | 5.3% |
| 小売業 | 589 | 3.1% |
| 情報通信業 | 550 | 2.9% |
| 建設業 | 279 | 1.4% |

| 地域 | 法人数(社) | 比率 |
|---|---|---|
| 全地域 | 19,250 | 100.0% |
| 北米 | 2,860 | 14.9% |
| アジア | 12,089 | 62.8% |
| 中国 | 5,878 | 30.5% |
| ASEAN4 | 3,111 | 16.2% |
| NIEs3 | 2,238 | 11.6% |
| その他アジア | 862 | 4.5% |
| 欧州 | 2,614 | 13.6% |
| その他 | 1,687 | 8.8% |

(注) ASEAN4:マレーシア、タイ、インドネシア、フィリピン
　　 NIEs3:シンガポール、台湾、韓国
(資料) 経済産業省「第42回海外事業活動基本調査」(2013年)より一部抜粋

## 3章　海外では通用しない日本型CSR

●海外サプライチェーンの拡大とアジアシフト

次に、日系海外現地法人の資材調達はどうであろうか。図表3-7は、2011年度の北米、欧州、アジアの3地域における製造業の日系現地法人の調達額と調達比率を、地域内と地域間の関係として示したものである。まず日系現地法人の調達総額については、北米の14.1兆円（3地域合計の26％）、欧州の6.5兆円（同12％）に対して、アジアの33.0兆円（同62％）が抜きん出て多い。特に、この10年でアジア域内の調達総額は2倍以上となり、サプライチェーンのアジアシフトが今後も拡大することが予想される。

**図表3-7：製造業の日系海外現地法人の地域別調達額**

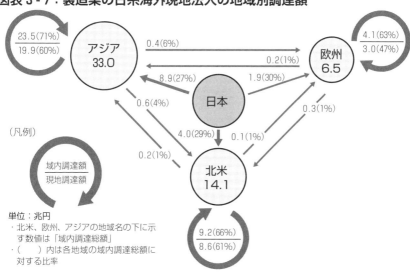

（注）2013年度金額ベース、2011年度
（資料）経済産業省「第42回海外事業活動基本調査」（2013年）

調達比率については、「現地調達率（各地域全体の調達総額に対する進出国内の調達額の割合）」は、北米61％、欧州47％、アジア60％と低くはないものの、進出国内の調達額に域内諸国からの調達額を加えた「域内調達率」で見ると、それぞれ66％、63％、71％とさらに高くなる。つまり、アジア（日本を除く）での域内調達が最も高く7割を超す。これを10年前の2002年度と比較すると、北米、欧州、アジアのいずれの地域においても、日本からの調達率が減少する

半面、現地調達率と域内調達率はともに増大している。つまり、アジアにおける進出国内調達と地域内調達の増加が著しいということである。

●サプライチェーンの現地化

アジアに進出した製造業の日系現地法人の調達先を、もう少し詳しく見てみよう。「日本から調達」は親会社を中心に全体の約３割を占める。これに対して、残りの約７割を占める「アジア域内で調達」では、その調達先は進出国の近隣にも及ぶが、多くは進出国内での調達である。その内訳を見ると、約１／３が現地の日系企業であり、約２／３を地場企業が占める（図表３-８参照）。

**図表3-8：アジアにおける製造業の日系現地法人の調達先割合**

| 日本から調達 | 日本（親会社） | 24% | 27% |
|---|---|---|---|
| | 日本（親会社以外） | 3% | |
| アジア域内で調達 | 進出国（日系企業） | 18% | 71% |
| | 進出国（地場企業） | 40% | |
| | 進出国（その他） | 2% | |
| | 進出国の近隣 | 11% | |
| アジア以外から調達 | 欧州 | 1% | 2% |
| | 北米 | 1% | |
| | その他の地域 | 0% | |
| 合　計 | | 100% | 100% |

（注）2013年金額ベース、2011年度
（資料）経済産業省「第42回海外事業活動基本調査」(2013年)

以上のことから、日本企業の海外調達先の拡大とともに効率化や分散化を背景に、アジア域内で地場企業を始めとする多様なサプライチェーンが形成されていることが分かる。これを「サプライチェーンの現地化」と呼ぶことができる。とりわけ、アジアは日本企業にとって重要な事業展開地域となっており、アジア域内での調達・生産・販売を通じた結び付き（生産・販売ネットワーク、ないしバリューチェーン）が強化されている。しかし、そこには日本企業が日頃あまり考えたことのない環境や人権・労働などに関わるCSRリスクが潜んでいるのである。

## (2) サプライチェーンに潜む新たなCSRリスク
### ●多様化・複雑化するサプライチェーンのCSRリスク

　サプライチェーン・マネジメント（SCM）は1980年代に提唱された概念で、日本企業にも広く認識されている。SCMの論点は時代とともに変化し、近年では企業のサプライチェーンに対する責任と期待は大きく、特に東日本大震災を経験した日本企業ではそのリスク認識が重要となっている。

　サプライチェーンに潜む経営リスクは、競争力に直接関わる品質やコスト・納期だけでなく、最近では法令リスク、評判リスク、事業継続リスク、さらに環境汚染や人権・労働のCSRリスクなど多様化・複雑化している。つまり、サプライチェーンに対する責任とCSRリスクの高まりという形で、グローバルに企業の経営環境が大きく変化しているのである。日本企業は今後の海外展開に当たって、この点をしっかり理解する必要があるが、教訓とすべき有名な先例がある。

　サプライチェーンのCSRリスクの典型的な事例として、2001年の「ソニーショック」（中国製部品から有害なカドミウムが検出されオランダで輸入禁止）と2011年の「アップルショック」（中国の製造再委託先の過酷な労働条件の発覚）を挙げることができる[20]。いずれも企業が現地において抜本的な解決策を講じることでしか、事態を打開することができなかった。このことは自ら法令・規則を守るだけでは不十分であり、サプライチェーン全体を視野に入れて環境や人権・労働への配慮が必要なことを物語っている。

### ●サプライチェーンの範囲

　それではCSRリスクとの関係で見たときに、サプライチェーンは一体どの範囲までを指すのであろうか。これに対する一義的な定義はなく、ここではCSRリスク対応の観点から、企業グループの外部と内部に分けて考えてみる（図表3-9参照）。

　外部サプライチェーンについては、その対象範囲は自社と直接的な契約関係にある一次サプライヤーが基本となるが、CSRリスクの内容によっては契約関

---

[20] 1990年代後半に発覚したスポーツ用品メーカーのナイキやアパレルメーカーのGAPによる東南アジアの孫請工場における児童労働や強制労働も有名である。

**図表3-9:CSRリスクの高いサプライヤーはどこか**

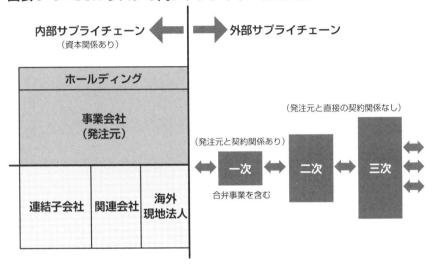

(資料)筆者作成

係のない二次・三次以降のサプライヤーへとより上流に遡る必要がある。つまり、人権を含むデューデリジェンスによって自社のCSRリスクを自ら判断し特定しなければならない(詳細は7章にて説明する)。そうしなければ、結局、問題の回避や解決には至らないからである。

他方、日本企業が意外と見落としがちなのが資本関係のある内部サプライチェーンであり、自社のサプライヤーとして国内だけでなく海外にも連結子会社や現地法人などのグループ会社が存在する。これらに対しては、企業はその「影響力」を直接行使することが可能である。この影響力はCSRリスクだけでなくCSR経営そのものの課題でもある。このようにサプライチェーン問題は"CSR経営の範囲"とも密接に関係するため、詳細は7章で述べる。

## (3)日本型CSRがリスク促進要因に
### ●海外事業では通用しない日本型CSR

1章で述べたように、日本企業には長年培われてきた日本型CSRの"DNA"が深く根付いている。つまり、「法令順守+社会貢献+環境対応」を行ってい

ればCSRであるという"思い込み"である。しかし、2000年代前半の欧米型CSRショックに加え、2010年に発行されたISO26000によって、それまで日本企業がCSRとしてはほとんど考えてこなかった企業統治や人権・労働問題などが、CSRのグローバルスタンダードとして議論されていることが少しずつ理解できるようになった。

　このことは、世界で求められるCSRは日本国内で考えるCSRよりも一層広く深いことを意味する。別の表現をすれば、日本企業が海外進出もしくは事業展開するとき、特に価値観や生活文化あるいは社会的課題が大きく異なる新興国や途上国においては、新たな視点からのCSRについて事業そのものと同等もしくはそれ以上に留意しなければならない。より厳しく言えば、日本型CSRは海外では通用しない。むしろ海外展開においては、無意識のうちに日本型CSRがリスクを促進する要因にさえなってしまう。

　つまり、日本企業が海外展開する際に、日本型CSRの"DNA"のままで判断すると、知らず知らずのうちに別のCSRリスクを抱え込み大きくしてしまう危険性があるのである。実際、不測の事態を招いてしまった日本企業の事例が近年増えている。その具体的な内容は後述する。

●最も遅れているCSRサプライチェーン・マネジメント

　少し古いが、2009年に日本経団連が会員企業（大企業）を対象に行った「CSR（企業の社会的責任）に関するアンケート調査」によれば、過去5年間で最も進んでいないCSRの取り組みはサプライチェーン・マネジメントであり、3割を超す企業が手付かずの状態であった。それでは、どのようなサプライチェーン・マネジメントが行われているかというと、CSR調達ガイドラインの明文化やCSRに関するサプライヤーへのヒアリングなどは比較的実施されており、一次サプライヤーに対する意識付けはある程度進んでいるようである。これに対し、最も遅れているのはサプライヤーに対する具体的な行動や改善を促すCSR監査やCSRの取り組み支援である（図表3-10参照）。

**図表3-10：サプライチェーンのCSR推進に向けた取り組み内容**

| 取り組み項目 | 取り組み比率 |
|---|---|
| CSR調達ガイドラインなどの明文化 | 65% |
| CSRのサプライヤーからのヒアリングや意見交換 | 62% |
| CSRの契約条項への盛り込み | 39% |
| サプライヤーに対するCSR教育・研修 | 38% |
| サプライヤーに対するCSR監査 | 33% |
| サプライヤーに対するCSRの取り組み支援 | 22% |

(注) 取り組み比率は当該質問の回答企業数(327社) に対する割合。
(資料) 日本経団連「CSR(企業の社会的責任)」に関するアンケート調査結果」(2009年) を基に筆者作成

　このように見ると、大企業ではサプライチェーンのCSRに関する取り組みは遅れているとはいえ、一定の取り組みは行われている。ただし、上述の通り、CSRリスクがどこまで理解されているのかはよく分からない。そもそもCSRの考え方や取り組み内容についても見直しが必要である。そうでないと、折角のサプライチェーン・マネジメントの取り組みも実効性が疑わしくなる。

　日本企業では一般的にサプライチェーン・マネジメントの中心的な取り組みは品質・コスト・納期管理や情報セキュリティである。CSRについては環境問題への対応は少なくないものの、現状では人権・労働問題や海外での不正防止などへの関心は高くない。このままでは、日本企業のサプライチェーンのCSRリスクは、その多くが放置されたままとなる。これは日本企業の競争力を損なうことにつながる。

### ◉人権問題への「加担」に対する認識の甘さ

　1997年に発覚したナイキのベトナムの孫請工場での児童労働と強制労働は、世界中にショックを与えた。このことを契機に、世界には児童労働や強制労働だけでなく、長時間労働、雇用差別など深刻な人権侵害が起きやすい国や地域があることが明らかになった。

　しかし、その後も多くの日本企業では海外進出や海外調達において、この人権・労働問題をほとんど自らの問題と認識せず、それらに対する取り組みは一部を除いて皆無に等しかった。その無防備さゆえに、トラブルに至るケースが

増えている。今後、グローバルに事業展開しようとする日本企業には、海外のサプライチェーンを含めて、人権・労働などに関する国連グローバル・コンパクトやOECD（経済協力開発機構）などの国際的な行動規範を尊重した適切な行動が不可欠である。

　2010年に経済同友会が公表したCSR調査によれば、人権・労働に関する国際規範（児童労働と強制労働の禁止、結社の自由、差別の排除など）について、尊重かつその順守を確認している企業（自社グループを含む）は44％と半数に満たない。さらに、その対象を国内外のサプライチェーン（直接取引先、第一次下請まで）に広げると、その割合はさらに下がり19％と2割を下回る。このように、途上国・新興国を含む海外で重視される人権・労働問題に対して、日本企業の認識はなお低い。従来の日本型CSRの"DNA"からは決して生まれない発想である。

　ここで大事なことは、既に説明したISO26000の「加担[21]の回避」という新しい人権概念の理解である。ごく簡単に言えば、知らないうちに誰かの人権を侵害しているかもしれないので、サプライチェーンを含めて問題がないかを調べ、必要に応じて回避策を講じる、ということになろう。そのための手法を「人権デューデリジェンス」と言うことも既に述べたが、CSRの中で日本企業が最も弱い取り組みの一つである。その実施状況について、経済同友会の調査結果（大企業）を見てみよう（図表3-11参照）。

　人権デューデリジェンスを既に実施している企業は、全体では3割弱（27％）にすぎないが、外国人持株比率の高い日本企業（海外サプライチェーンにおける人権侵害の可能性を強く認識する企業）ほど、実施率が高くなる。特に外国人持株比率が50％以上の企業では、実施率は100％である。彼我の差を感じざるを得ない。

---

※21　加担には3種類ある。①直接的加担：企業が意図的に人権侵害を支援すること、②受益的加担：企業が子会社やサプライヤーの人権侵害から直接的に利益を得ること、③暗黙的加担：企業が他者の人権侵害に対して明確に反対しないこと。

**図表3-11：日本企業の人権デューデリジェンスの実施状況**

| 外国人持株比率 | 10%未満 | 10%～20% | 20%～30% | 30%～40% | 40%～50% | 50%以上 | 全体 |
|---|---|---|---|---|---|---|---|
| 実施率 | 16% | 28% | 35% | 52% | 80% | 100% | 27% |

(資料)経済同友会「日本企業のCSR―進化の軌跡-自己評価レポート2010」を基に筆者作成

### ●日本企業の海外展開におけるCSRリスク事例の増加

このような状況の中で、国内ではあまり話題にならないが、最近になって日本企業の海外の現地法人やサプライチェーンにおいてCSRリスクが実際に顕在化した事例が増えている。環境問題もあるが、途上国・新興国を中心に人権侵害や労働・雇用の問題が多い（図表3-12参照）。いずれも、これまで日本企業がCSR（リスク）とは考えていなかった領域である。

一方、問題解決に向けてレピュテーション（世論）を利用する海外NPOは、欧米企業に続いて日本企業をターゲットにし出したと言われている。問題を起こした企業との資本関係や契約関係の有無にかかわらず、最も効果的な最上流の発注元（最終ブランド企業）に対するキャンペーンを行うことが多い。図表3-12の各実例の「教訓」から、現地の社会通念や社会的課題を事前に調査し、適切に対処していれば問題発生を回避できた可能性が高いことが分かる。

### ●サプライチェーンにおける日本型CSRの限界

海外現地法人を含めてサプライチェーンのCSRリスクを回避するためには、調達先や発注先に対する「CSR調達」が基本であり、それを明文化したものが「CSR調達基準」である。これにはCSR調達の基本方針や業種特性に応じた具体的なCSR取り組み事項が記載される。

さらに、CSR調達基準に対する取り組み状況をチェックし、改善点があれば調達先に要請する必要がある。これを「CSR監査」と呼ぶが、特に海外のサプ

## 図表3-12：日本企業が海外で経験した最近のCSRリスク事例
### 実例1：人権侵害への加担【エネルギー供給業】

| | |
|---|---|
| 事業 | 米国アラスカで炭鉱開発の合弁事業と石炭輸入 |
| 問題 | 現地企業が先住民族の居住地にある小学校のそばに石炭輸送道路を建設、安全が脅かされる |
| 経緯 | 現地企業に対するNPOの抗議により、人権侵害として国際機関での議論となり、事業停止 |
| 結果 | 発注元企業も含め国際機関での労使、NPOとの協議により対応策を決定、事業再開 |
| **教訓** | **開発の初期段階で慎重な現地調査を行えば、問題発生は回避可能** |

### 実例2：労組結成と団体交渉の拒否【製造業】

| | |
|---|---|
| 事業 | インドネシアで化学製品の現地生産（海外現地法人） |
| 問題 | 現地法人に対し地元国の産業別労組が労組結成の承認を要求するも、企業外労組との交渉拒否 |
| 経緯 | 労組はストライキに突入、現地法人をILOとOECD、裁判所に提訴、紛争の長期化 |
| 結果 | 長年の交渉を経て実質的和解、同社労組は同社の労組世界協議会を新たに設置 |
| **教訓** | **日本型「企業内組合」を前提とせず、現地事情に沿った対応をすれば、問題発生は回避可能** |

### 実例3：労働条件の変更【製造業】

| | |
|---|---|
| 事業 | インドネシアで機械製品の現地生産（海外現地法人） |
| 問題 | 現地法人が従業員の大半を直接雇用から派遣労働に変更、労組が法令違反とする是正要求を拒否 |
| 経緯 | 現地労組はストライキに突入、産業別労組は工場周辺で支援活動 |
| 結果 | 現地法人は労組の要求を受け入れ、派遣労働による労働法違反雇用を撤回 |
| **教訓** | **賃金・労働時間だけでなく雇用形態にも注意していれば、問題発生は回避可能** |

### 実例4：不適切な賃金支払い【製造業】

| | |
|---|---|
| 事業 | マレーシアで生産される電子部品の調達 |
| 問題 | 調達先の下請工場で、隣国移住労働者が契約と異なる賃金支払いの改善要求 |
| 経緯 | マレーシアの支援団体や弁護士が問題と要求をネット掲載、発注元へ抗議メール殺到 |
| 結果 | 発注元企業が現地にて、調達先に労働契約順守と第三者監査を要求し事態収拾 |
| 教訓 | **契約関係にない二次調達先の労働条件にも目配りしておけば、問題発生は回避可能** |

### 実例5：原生林伐採【商社、住宅メーカーなど】

| | |
|---|---|
| 事業 | 豪州タスマニア島の森林伐採による素材・加工品の調達 |
| 問題 | 調達先の現地企業から購入する木製品が、現地の原生林や生態系の破壊を加速 |
| 経緯 | NGO等の環境保護運動、現地企業や輸入する日本企業への抗議メール殺到と不買運動 |
| 結果 | 現地企業は植林材生産へ転換宣言、州議会で原生林伐採地区の大幅縮小が可決 |
| 教訓 | **現地の法令順守でも、地元政府やNGOの動きを事前に調べれば、問題発生は回避可能** |

(注) 図表中の下線は筆者による。
(資料) 諸資料より筆者作成

ライチェーン・マネジメントでは重要となってきた。グローバル化が一層進展する中で、発注側と供給側の双方にとって企業価値の毀損を未然に防ぎ、企業の競争力強化と持続可能性につながるからである。

　しかし、まだ日本企業の多くは業種・規模を問わず、海外の現地法人やサプライチェーンのCSRリスクを認識していない。「わが社では現地の法律は守っているし、商習慣にも従っている。するべきことはしているつもりだ。何か法律で規制されれば従う」。これが日本型CSRの発想に基づく典型的な日本企業の対応であろう。これでは、自らCSRリスクを呼び込むようなものである。

## ●サプライチェーンのCSRリスクに取り組み始めた日本企業

　このような問題意識に基づき、筆者の所属する環境経営学会ではCSR監査のための「診断ツール」を開発中である。その一環として、CSR調達やCSR監査に関する認識や取り組みについて、日本の大企業10社（流通業、通信業、製造業では食品、電機、自動車、化学）にインタビューを行った。すべての企業がサプライチェーンのCSRリスクを認識し対応している訳ではないが、独自の視点で積極的に取り組みだした企業もある。詳細は6章6.3節で述べるが、CSR調達の戦略、体制、展開、監査について示唆される要点を図表3-13に示す。

### 図表3-13：日本企業の先進事例から見る「CSR調達」の要点

| | |
|---|---|
| 戦略 | 品質確保と安定調達が主眼なるも、アジアで高まるCSRリスク（特に環境、人権・労働、贈収賄）の把握と回避 |
| 体制 | コーポレートのCSR部門と資材調達部門が連携した役割分担（国内外グループ全体のCSRリスクの情報収集体制を含む） |
| 展開 | 国内主要グループ会社や一次調達先から順次取り組み、海外のグループ会社や調達先へ拡大。業種別の世界的イニシアチブに参加 |
| 監査 | SAQ（自己チェックシート）で調達先の現状を把握し、改善を要請する共存共栄路線（CSRリスクが高ければ現地監査） |

(資料) 環境経営学会資料より筆者作成

　ただし、サプライチェーンのCSRリスクを認識したとしても、実際にCSR調達とCSR監査をどのように実施するのかという現実的な運用課題がある。例えば、対象範囲（サプライヤーをどこまで遡るのか）、国・地域、頻度、あるいは調達先の支援方策などが挙げられるが、事業や商品の重要度、リスクの度合いや費用対効果の観点から戦略的に優先順位を決定することになろう。まだ試行錯誤の域を出ないものの、一部ながら日本企業が明確な問題意識を持って海外サプライチェーンのCSRリスクに取り組み始めたことに期待したい。

## ⑷ これからの日本のCSRの方向性
### ◉グローバル時代の世界標準との整合性

　日本型CSRの"DNA"を構成する4つの要素、すなわち法令順守、社会貢献、環境対応、そして"目に見える"ステークホルダーは、いずれもCSRにとって基礎的なものではある。しかし、世界標準であるISO26000のCSR概念から見ると、そのごく一部にすぎない。このことは、これまで述べてきたことから明らかである。この"DNA"を超えて、いかに世界標準と整合を図るべきか。これがグローバル時代において日本企業の成功を裏から支える、と言っても過言ではない。

　ここで、日本型CSRの"DNA"の4要素の現状を再確認しておきたい。

　まず、「法令順守」はISO26000の中核主題でも実践課題でもない。法的義務を遂行するという当然すぎる「原則」の一つである。つまり、日本型CSRでは、CSRの"基礎"であるものを"柱"と考えていたのである。ISO26000は、Beyond Complianceを求めている。

　次に、「社会貢献」(利益還元型の企業市民活動)はISO26000の中核主題「コミュニティー参画・開発」の一部にはなり得るが、地域固有の社会的課題を解決し、持続可能な発展に貢献するという本来の目的からは少し遠い。

　3つ目の「環境対応」については、日本企業は総じて親和性が高く積極的であるが、CSRが本来求めるものは環境と同時に社会の持続可能性であり、環境だけでは十分とは言えない。

　最後の「ステークホルダー」の認識は比較的新しいが、まだ日本企業の視野は狭く、企業から"目に見える"国内の従業員や顧客・消費者、第一次調達先に限定されることが多い。CSRは国内の利害関係者にとどまらず、海外の現地法人・事業所や調達先などの"目に見えない"サプライチェーンへの拡大が不可欠である。

### ◉「本来のCSR」を見失わないために

　世界が合意したISO26000によるCSRの定義は、再三述べてきたように、地球規模で持続可能な社会の実現に貢献するための「企業の意思決定と事業活動が社会と環境に及ぼす影響に対する企業の責任」である。これが「本来の

CSR」である。日本型CSRの4要素自体は決して間違ってはいないが、これまでの国内だけの経験や発想からこれで十分と考えると、「本来のCSR」の"あるべき姿"を見失う。

　結果として、グローバル時代の新しい経営リスクであるCSRリスクを認識しないまま抱え込んでしまうことになる。それゆえ、国内で培われた"DNA"を踏まえながらも、今後、日本企業のCSRの考え方として、ISO26000という形で世界が合意した「本来のCSR」のフレームワークに組み替えることが必要である。

　ところで、日本には江戸時代から商人道として、近江商人の「三方善し」や石田梅岩の「石門心学（せきもんしんがく）」があり、自分だけがもうかるビジネスモデルは長続きしないと諌（いさ）めてきた。これは日本人の勤勉さや倫理観と共感するところも多く、日本型CSRのより深いところにある"深層DNA"と考えることもできる。ただし、これらは今で言うステークホルダーの認識はそれほど強くない。さらに、グローバル化の中で人口増大や資源制約のある現代においては、地球規模の環境・社会の持続可能性という根源的な条件が当時とは決定的に異なることも銘記すべきである。

### ●日本型CSRの"DNA"から脱却するとき

　国内で形成された独自のCSRの"DNA"を持つ日本企業は、2000年代に入って欧米型CSRショックを受け、自分たちの考え方とは異なるCSRを知った。その後、2000年代は日本における「CSR経営の模索の10年」となったが、本質的なCSRの概念が確立できないまま、取り組みも報告もパターン化して"踊り場"状態となっていた。しかし、2010年代に入った途端、CSRの概念と実践をグローバルに収斂（しゅうれん）・統一させる世界標準のISO26000が登場した。そこで、ISO26000の発行によって明確になったCSRの概念をしっかりと認識し、まずはISO26000に基づくCSR経営の見直しや再構築が不可欠である。

　日本型CSRの"DNA"を引きずったままでは、日本企業はグローバル時代に適応できない。今後、グローバル化がさらに進展する中で、自らのビジネスが環境や社会に及ぼす悪影響を最小化し、好影響を最大化することを自らの社会的責任として自覚し、ステークホルダー価値を高めつつ、社会・環境の持続

可能性を実現させねばならない。それが、結局は企業の持続可能性を図ることにつながる。

　グローバルに社会・環境への影響力を強めた企業は、その本業（プロセスとプロダクト）において社会的課題を解決できるのである。それがCSR経営の実践にほかならない。このような発想は、これまでの日本型CSRの"DNA"からは決して生まれない。今まさに、日本型CSRの"DNA"の大いなる転換のときが到来したのである。

第2編

# 本来のCSRの姿

　現在なお、CSRは日本企業にとって多義語であり、混乱している。このような状況の中で、米国ハーバード大学のポーター教授が、2011年にCSV（共有価値の創造）を提唱した。

　これは社会的課題を本業で解決することにより、経済価値と社会価値を同時に創造すべきという考え方である。そのためには、「CSRからCSVへの脱却」が必要と訴えた。日本でもこの考え方に賛同し、導入を進めようとする企業が現れた。

　他方、ISO26000の発行を受け、CSRに関わる世界の主要なイニシアチブにおいて、CSRの定義がISO26000に収斂している。CSVと「本来のCSR」、いずれも社会的課題の解決をめざすが、両者は異なる概念である。CSVの登場で、かえって「本来のCSR」の姿がより鮮明になった。CSVは本当にCSRを超えるものであろうか。

　そこで第2編では、まず日本企業におけるCSRの誤解を取り上げる。ついでCSVの考え方を概観し、ドラッカーの『マネジメント』を踏まえ、「本来のCSR」とCSVの本質的な違いを確認する。そのうえで、第一CSRと第二CSRを提唱し、CSRとCSVの"位置関係"を明らかにする。さらに、それが日本企業にどのような意味を持つのかを考える。最後に、筆者も起草に参加した『CSRとCSVに関する原則』（2014年3月公表）を紹介する。

# CSRの本来の意味

## 4.1 なお混乱する日本のCSR

### (1)日本における典型的なCSRの誤解
◉何がCSRで、何がCSRではないのか

　ISO26000が正式に発行されたにもかかわらず、日本企業を全体で見ると、「なお混乱する日本のCSR」と言わざるを得ない。CSRという言葉が便利に使われて、企業の"よい行い"は何でも含まれる多義語になってしまい、何がCSRか分からなくなっているのが現状であろう。これは多くの日本企業に日本型CSRの"DNA"が根強く残っている（正確に言えば、日本社会の一般通念となっている）ことが原因と考えられる。

　そこで、あらためて「何がCSRであり、何がCSRでないのか」を考えることも、CSRの本質を考える一つの方法であろう。わが国で今でもよく聞くCSRの理解は、次のようなものである。

- CSRとは、企業不祥事を起こさぬよう努力すること
- CSRとは、企業倫理を確立し、法令順守を徹底すること
- CSRとは、利益を社会に還元し、社会貢献活動をすること

　このような理解はCSRと無関係という訳ではないが、そのごく一部であり、CSRの本質を表していない。ISO26000によるCSRの原則と定義を踏まえると、CSRの本質は、企業存続のための不祥事防止でもなく、単なる法的義務の遂行

でもない。ましてや、企業に余裕があるときの利益の社会還元や地域貢献でもない[22]。つまり、上記のような理解は、日本における典型的なCSRの誤解と言ってよい。「本来のCSR」は、もっと別のところに存在するのである。

### ●CSRの本質的特徴

それでは、「本来のCSR」とは何か。CSRの本質的特徴は、ISO26000（3.3.1）に従えば、次の4点に集約できる。

①持続可能な社会と環境を実現するために、社会と環境に対する配慮を企業の意思決定に組み込むこと
②企業の意思決定と事業活動が、社会と環境に及ぼす影響に対する責任と説明責任を果たすこと
③社会的責任が企業全体に浸透し、ステークホルダー（利害関係者）の利害に配慮した、企業内外の諸関係（サプライチェーンを含む）における実践
④そのためには、関連法令を順守し、人権を含む国際行動規範と整合性のある透明かつ倫理的な企業行動が不可欠

さらに上記④との関係で、ISO26000（3.3.1）は「法の支配の尊重」と「法的拘束力のある義務の順守」がCSRの根本原則であると明言する。つまり、法令順守（正確には法令等順守）はCSRの"基礎の基礎"であり、決して揺らいではならないものである。しかしながら、それだけでは不十分であり、CSRの本質に関わる特徴として、CSRは「法令順守を超えた行動」と「法的拘束力のない他者に対する義務の認識」が必要であると強調する。つまり、目に見えないステークホルダーまで幅広く捉えることを求めているが、日本型CSRの"DNA"からはなかなか理解しにくい。

このようなCSRの本質的特徴は、社会から企業に対する期待であり、広く社会に共有された倫理観や価値観から生ずるものである。このことは前章でも述べたように、グローバル時代にあっては社会通念や文化あるいは商習慣・労働

---

[22] ISO26000（3.3.4）は、「慈善活動や寄付は社会にプラスの影響を与えることはできるが、企業の社会的責任の取り組みに代わるものではない」と明言している。

慣習が日本とは大きく異なる海外、特に新興国や途上国における事業や調達では慎重に対処する必要がある。これらの国や地域での文字通りの法令順守だけでは、逆にCSRリスクを高める要因となり得るからである。

## (2)「企業の持続可能性」と「企業の社会的使命」はCSR？

上述したCSRの本質と関連して、さらに日本企業には経営におけるCSRの位置付けについても2つの誤解がある。一つは、「社会の持続可能性」と「企業の持続可能性」の混在である。もう一つは、「企業の社会的責任」と「企業の社会的使命」の混同である。以下、簡単に説明する。

### ●CSRと「企業の持続可能性」の混在

近年、「社会の持続可能性」に対比して「企業の持続可能性」という言葉も使われる。その直接的な契機は、2000年代に入って国内外で頻発した企業不祥事である。象徴的に言えば、日本では2000年の雪印乳業の中毒事件による企業解体、米国では2001年のエネルギー会社であったエンロンの不正経理事件による企業消滅（同時に監査法人アーサー・アンダーセンも消滅）である。それまでは、いずれの会社も優良企業と考えられていた。

企業不祥事を防ぐために、米国では翌2002年には透明性の高い企業統治を求めたサーベンス・オックスリー法（SOX法ないし企業改革法）が成立した。日本では、それにならって2006年に金融商品取引法（J-SOX法）が成立し、経営者による財務報告に関する「内部統制報告書」の作成と監査法人による監査証明が義務化された。背景には、社会の企業観の変化がある。

いかに経済面で優れた企業であっても、重大な不正行為や法令違反を犯すと、あるいは事後の対処が不適切であると、その社会的・市場的信用は失墜し、信頼回復はそのコストも含めて並大抵のことではない。企業不祥事は業績への影響も計り知れず、日本では企業倫理や法令順守とも関連して、「企業の持続可能性」もCSRと認識されるようになった。つまり、CSRとして、「社会の持続可能性」と「企業の持続可能性」が混在してしまったのである。

言うまでもなく両者は相互に関係し、かつ同時に実現すべきことではあるが、後者はCSRではない。この点について、ISO26000（3.3.5）は「CSRの目的

は社会と地球の持続可能性の実現であり、個別企業の持続可能性ないし継続的な存続可能性を問題にしている訳ではない」と明言する。

### ●CSRと「企業の社会的使命」の混同

「わが社は持続可能な社会に必要な商品を提供している。したがって、本業を全うすることがCSRである」。読者の皆さんは、これをどう考えるだろうか。実は、このように公言する企業や経営者が日本には意外と多い。特に、その主力商品（製品・サービス）が健康や環境あるいは社会インフラに関わる産業や業種によく見られる。

しかし、はっきり言えば、自社のプロダクトの持つ社会貢献度の高さから、本業を全うすることをCSRと勘違いしているのである。つまり、「企業の社会的責任」と「企業の社会的使命」の混同である。むしろ、現実にはプロダクトを作る過程であるプロセスにこそ、法令順守をはじめ人権・労働、環境あるいは消費者対応などCSR上の問題や課題が多い。

例えば、ある企業が生活や仕事に不可欠な都市インフラを建設しているとしよう。そのことをもってCSRとするならば、本業を全うするために談合しようが作業員に危険作業をさせようが、あるいは長時間労働をさせようが、"すべて問題ない"ことになる。これはどう考えてもおかしい。多くの企業は、「〇〇業の役割を通じて社会の発展に貢献する」という企業理念を掲げているが、日本ではこれが拡大解釈されてCSRと結び付いたと考えられる。

さて、「豆乳CSR[※23]」という言葉がある。食糧不足や健康問題が地球的規模で顕在化しつつある中、タンパク質の豊富な大豆に着目して、ある豆乳メーカーは「健康によい豆乳を作ることがCSRである」と強調する。同じ論理で、「病気を治し健康に役立つ薬を作ることがCSRである」と考える製薬会社もある。また、「保険商品は持続可能な社会には欠かせない。それゆえ、保険事業を全うすることがCSRである」と主張する保険会社もある。

このように本業を全うし、よりよい製品・サービスを社会に提供することがCSRと思い込むと、"現状是認"に陥ってしまい、本来のCSRによる経営課題

---

※23 当時経済産業省に在職していた藤井敏彦氏が名付けたものである。

やリスクの発見が疎かとなる危険性がある。そもそも、社会ニーズがあるからこそ、企業はそれに応えるべく商品を生産し販売しているのである。

つまり、あらゆる企業は、産業・業種を問わず、提供する商品が何であれ「社会的役割」ないし「産業的使命」を担っている。したがって、仮に「本業を全うすることがCSR」とするならば、あえてCSRと呼ばなくても、あらゆる企業がおのずとCSRを実践していることになる。これでは、CSRの議論自体に意味がない。逆に言えば、社会に提供する商品によって、その本業がCSRであったりなかったりすることは意味をなさない。

## 4.2 ポーター教授によるCSVの提案

### (1) CSRに取って代わるべきCSVの提唱
◉経済価値と社会価値を同時に実現するCSV

ISO26000の発行により「本来のCSR」の考え方が示されたとはいえ、現在なお、従来型のCSRの多義性を背景に、多くの日本企業にはその本質がなかなか理解されない。このような状況の中で、最近、日本ではCSV（Creating Shared Value：共有価値の創造）がCSRと対比されつつ、企業と社会の新たな関係を示唆するものとして話題になっている。

このCSVは、競争戦略論の第一人者と称される米国ハーバード大学ビジネススクールのマイケル・E・ポーター教授が2011年に提唱した概念であり、本業で社会的課題を解決することにより経済価値と社会価値を同時に創造しようという考え方である。2011年1月発行の「ハーバード・ビジネス・レビュー」（英語版）に掲載されたポーター教授の論文「共有価値の創造」[※24]を読むと、企業は本業を通じて社会と共有できる価値を創造することにより、企業の競争力強化と社会的課題の解決の統合をめざすべきだと提案している。つまり、CSVとは、基本的に企業の競争力強化と社会的課題の解決を同時に実現させようとするビジネス上の戦略を意味する。

---

※24 Michael E. Porter and Mark R. Kramer "Creating Shared Value 〜 How to reinvent capitalism 〜 " Harvard Business Review, Jan.-Feb. 2011（ダイヤモンド社から同年6月に「共通価値の戦略」として邦訳された）

これは企業の経済価値創造の視点から社会的課題を見ようとするものであり、ごく簡単に言えば、CSVとは"社会的課題の解決を事業化すること"となろう。これはもともとポーター教授本人が「戦略的CSR」と呼んでいた考え方を深化させたもので、CSVはCSRの進化形として「CSRからの脱却」を訴える。つまり、ポーター教授は「CSRに取って代わるべきもの」としてCSVを提唱したのである。CSRを長く研究してきた筆者にとって、これは驚きであった。それでは、CSVとは具体的にどのような内容なのであろうか。

### ●CSV実践のための３つのアプローチ

ポーター教授は上述したCSVの考え方を示したうえで、世界的に有名な企業のさまざまな事例を取り上げ、CSVの実践のための３つのアプローチを示した。つまり、①プロダクトと市場の見直し、②バリューチェーンの生産性と競争力の見直し、③操業地域での事業基盤の創出・強化である。それぞれの意味と代表的な先進事例を図表４−１に示す。

第一のアプローチ「プロダクトと市場の見直し」は、健康や環境などの社会的課題をビジネスチャンスと捉え、それを解決する製品・サービスの開発・販売を積極化することである。社会的課題とは、これまで政府や国際機関などが取り扱ってきた環境問題や途上国の貧困問題などを指すが、グローバル経済の中でいまだに満たされない社会的ニーズ（栄養改善、住宅整備、高齢化対策、環境負荷削減など）という重要な需要を見逃しており、その規模は計り知れないという。このアプローチの事例として、電機メーカーの環境配慮型製品の開発やICT企業のデジタル技術を活用した公益企業の電力消費量削減システムの開発などの環境ビジネスを挙げる。また、従来の感覚ではビジネスとは考えられなかった途上国の貧困層を顧客とする食品メーカーによるBOPビジネス[25]を取り上げる。

第二のアプローチ「バリューチェーンの生産性と競争力の見直し」は、グローバルな物流の効率化や途上国の零細サプライヤーの育成を通じた高品質原料

---

[25] BOPはBase of the Pyramidの略で、世界で最も所得が低い層（約40億人）を指す。BOPビジネスはこの層を対象とするビジネスで、包装小分けなどにより購入可能な商品を開発・販売する。欧米に比べて、日本企業の事例は少ない。

### 図表 4-1：CSVによる3つのアプローチと代表事例

| ①プロダクトと市場の見直し |
| --- |
| 社会的課題を解決する製品・サービスの開発・販売 |
| 事例1：電機会社による環境配慮型製品の開発・販売の拡大<br>事例2：ICT会社による電力消費量削減に向けたデジタル技術の活用<br>事例3：食品会社による栄養摂取向上のための商品再編 |
| ②バリューチェーンの生産性と競争力の見直し |
| バリューチェーンの競争力強化と社会的課題解決の統合 |
| 事例1：小売業による容器削減と輸送網再編による環境負荷とコストの削減<br>事例2：トイレタリーメーカーによる従業員の健康増進による医療費節約<br>事例3：食品会社による零細農家の育成を通じた高品質原料の安定確保 |
| ③操業地域での事業基盤の創出・強化 |
| 操業地域での事業基盤強化と地域貢献の統合 |
| 事例1：食品会社による生産性と品質向上のための現地事業の立ち上げ<br>事例2：肥料会社による地元ロジスティックインフラの整備と輸送効率の向上<br>事例3：研究機関の官民協働によるITと生命科学の起業と雇用創出 |

(資料) Michael E. Porter and Mark R. Kramer "Creating Shared Value" Harvard Business Review, Jan.-Feb. 2011より筆者作成

　の安定確保など、バリューチェーンの最適化や競争力強化を図りつつ、同時に現地の社会的課題を解決することである。背景には、グローバル化に伴うバリューチェーン上の社会的課題が企業に経済的コストを発生させる可能性（外部不経済の内部化）やネガティブな影響を及ぼす事件の増加がある。このアプローチの事例として、小売業の世界的な輸送ルートの最適化によるコストと環境負荷の削減、あるいは飲料メーカーや化学会社による水使用量の削減によるコスト削減を挙げる。また、食品メーカーによる中南米での零細農家の技術的・資金的な育成・支援を通じた高級コーヒー豆の安定調達を取り上げる。

　第三のアプローチ「操業地域での事業基盤の創出・強化」は、自社の操業地域で人材・産業育成、インフラ整備などを自ら実施することにより、地域活性化に貢献しつつ自社の生産性向上に向けて事業基盤（クラスター）を強化することである。少し分かりにくいが、企業は操業地域の人材・産業やインフラなどの事業基盤に支えられているため、そこに弱点や欠陥があると、企業に内部コストが発生する。そこで、自らその克服や強化に努めることは、自社の生産性と競争力の強化につながるのである。このアプローチの事例として、IT企

業の事業展開地域でのIT教育を通じた人材確保を挙げる。また、肥料メーカーによるアフリカでの地元政府と協力した道路・港湾整備は、自社事業における原材料の搬入や製品の輸出など輸送効率の向上とともに地元の雇用創出につながっている。

## (2) ポーター教授の問題意識に対する疑問
### ◉CSRからCSVへの脱却

それでは、CSVを提唱するポーター教授は、なぜCSRに異議を唱えたのであろうか。2006年の論文「競争優位のCSR戦略」において、事業活動を通じた価値創造や社会変革こそが企業の本質的な役割であるとして、それに直接関係する取り組みを「戦略的CSR」と位置付けた。そして、それ以外の取り組みを「善行的CSR」と呼び、フィランソロピーなどの慈善事業的な社会貢献活動では、大きな価値創造や社会変革を起こすことはできないと主張してきた。

さらに2011年の論文「共有価値の創造」では、その冒頭で、企業活動が社会・環境・経済問題の元凶のように扱われているとの認識を示し、多くの企業はいまだに社会的課題の解決は本業（Core）の周辺にあるという「社会的責任」の思い込みにとらわれていると述べている。続けて、共有価値は社会的責任でもフィランソロピーでもなく、ましてや持続可能性でもなく、あくまで経済的成功をもたらす新しい方法であると言い切る。

資本主義を信奉するポーター教授は、これまで資本主義を狭く捉えて、企業活動の持つ可能性と幅広い社会的課題への挑戦を結び付けておらず、ビジネスチャンスがそこに横たわっていたにもかかわらず見過ごされてきたと反省する。つまり、社会目的に沿う進化した「新しい資本主義」が必要であり、それは慈善からは生まれず、競争と経済価値の創造からのみ生まれると強調する。

それゆえ、企業の事業活動を通じた社会的課題の解決によって経済価値を創造し、企業の成功と社会の発展に貢献することこそがCSVの本質であり、「CSRからCSVへの脱却[26]」が必要である、とあらためて提唱したのである。そして、

---

[26] CSVは「戦略的CSR」の延長上にあるが、「CSRからの脱却」を唱える以上、自己矛盾となり表現を変えたようだ。CSV自体の表現はネスレが先に使ったと言われるが、ポーター教授が新たに概念規定したと考えられる。

世界的に有名なGE、IBM、インテル、ジョンソン・エンド・ジョンソン、ネスレ、ユニリーバ、コカ・コーラ、ウォルマートなどの企業名を挙げて、既にCSVの取り組みは始まっていると力説する。

### ●ポーター教授によるCSRとCSVの比較

　ポーター教授は2011年論文にCSRとCSVの対比表を載せている。そこではCSRは善行（doing good）という価値観（Values）であると位置付けて、企業市民活動やフィランソロピーあるいは社会の持続可能性と関連するものであり、企業利益の最大化とは無関係とする。このようなCSRの例として、購入におけるフェアトレード（公平な貿易）運動（コラム5参照）を挙げる。これに対して、CSVでは価値はコストに対する経済的・社会的便益であり、企業と地域の協働によって価値が創造されるとする。つまり、価値とは「経済価値」を意味し、CSVは企業の競争力強化と利益の最大化に不可欠なものと位置付ける。その事例として、企業の原材料調達方法の変更による品質の向上と産出量の増加を挙げる（図表4-1の②事例3を参照）。

　同論文の「トレードオフを超えて」の項では、ポーター教授は次のようにも述べている。すなわち、CSVとは、CSRのように価値観によって企業が生み出した価値を"共有"すること（すなわち再配分）ではなく、経済価値と社会価値を全体的に拡大することである。両者の違いをフェアトレード運動で説明している。フェアトレードは同じ作物により高い価格を支払うことで、貧しい農家の収入を増やそうというものであり、価値創造の総量拡大にはつながらない。これに対して、CSVは農家の生産性や収穫量、品質を高めるために、作物の育成技術や地元の事業基盤の強化に焦点を当てる。これにより収入や利益が増え、貧しい農家と納入先の企業の双方に恩恵をもたらす、とする。

> **コラム5** 　フェアトレード運動：援助でなく貿易を
>
> 　フェアトレード運動は、世界貿易の仕組みは途上国の生産者にはフェアではなく、それが貧困を拡大させているという問題意識から1960年代に始まった。取扱商品は、当初の手工芸品から次第に農産

品のコーヒー豆やカカオ、砂糖、バナナなどに広がった。

　その背景には農産品の価格変動がある。コーヒー豆の買取価格は先進国の国際市場で決まるが、途上国の零細農家は市場情報や販売手段を持たず、場合によっては生産コストより低い価格で中間業者に売らざるを得ない。このような状況では、環境を保全しながら高品質のコーヒー豆は作れず、また児童労働にもつながる。

　このままではサプライチェーン全体が環境・社会の両面から不安定で、持続可能なものとはならない。そこで、1997年に設立された「国際フェアトレードラベル機構（FLO）」（本部ドイツ）はフェアトレードの基準と最低価格を定め、基準適合商品にはフェアトレード認証ラベルが貼り付けられるようになった。

## ●フィランソロピーをCSRとして批判するCSV

　しかし、CSRとは本来そういうものであろうか。読者の皆さんも既にお気付きのことと思うが、ポーター教授の言うCSRとは、本業外で行う寄付や米国流フィランソロピーなどの慈善事業のことである。つまり、「慈善事業というCSRから脱して新しいCSVへ」と主張[※27]していることになる。「本来のCSR」とは何かを研究してきた筆者には、釈然としないものを感じるが、いかがであろうか。

　2011年論文の「競争優位と社会的課題のつながり」と題する図表では、企業が社会的課題に取り組むことで生産性を向上できる方法が数多くあると述べる。その顕著な領域として、環境への影響、エネルギーや水の利用、サプライヤーの能力開発、従業員のスキルアップ、労働者の安全、従業員の健康を挙げる。

　このように見てくると、社会的課題の解決に向けた本業における商品・事業開発には意義があることは十分理解できる。しかし、CSVとして、もっぱら企業の競争優位や経済価値の観点だけから社会的課題を考えることは一面的すぎるのでないか。CSRとは、本当にポーター教授が主張するようなものであろう

---

※27　ポーター教授のCSR批判は、「CSRではないものをCSRと位置付けて、そのCSRを否定している」のである。

か。そこで、次にドラッカーの『マネジメント』[※28]を参考にして、CSRとCSVの関係について考えてみたい。

## 4.3 ドラッカーによるCSRの明確な位置付け

### (1) マネジメントにおけるCSRの役割
#### ●CSRはマネジメントの役割

経営学者ピーター・F・ドラッカーは、その大著『マネジメント』の冒頭で、企業などあらゆる組織は社会の機関であると位置付け、問題は「組織の機能は何か」であると述べている。そのうえで、組織の中核の機能がマネジメントであり、「マネジメントには、自らの組織をして社会に貢献させる3つの役割がある」と明言する。マネジメントの3つの役割とは、次の3点である。

---

【マネジメントの3つの役割】
①自らの組織に特有の使命を果たす。
②仕事を通じて働く人たちを生かす。
③自らが社会に与える影響を処理するとともに、社会の問題の解決に貢献する。

---

さらに、「それら3つの役割は、異質ではあるが同じように重要である」と述べていることにも注目すべきである。ここでは直接的な表現とはなっていないが、③がCSRに該当し、後段で「社会的責任の遂行は、マネジメントにとって第三の役割」と明確に述べている。

また、マネジメントにおける重要な要素として「時間」を挙げ、常に現在と未来、短期と長期を意識しておくことの必要性を指摘する。つまり、存続と健全性を犠牲にした目先の利益には価値がないとした上で、「短期的な経済上の意思決定が環境や資源に与える長期的な影響にも考慮しなければならない」と

---

[※28] 本書においてドラッカーの『マネジメント』と言う場合、上田惇生編訳『マネジメント〔エッセンシャル版〕―基本と原則』(ダイヤモンド社刊、2001年) を指す。

言う。これは今日で言う持続可能性（Sustainability）にほかならず、まさに先見の明と言うべきである。

●CSRの意味が変わった

　実は、『マネジメント』では第4章として「社会的責任」が独立した目次構成となっている。ここで、この章を基にしてドラッカーのCSRに対する基本的な考え方を確認しておきたい。

　第4章「社会的責任」は、「『企業の社会的責任』の意味が変わった」との見出しで始まる。かつてCSRは、私的倫理と公的倫理の関係、働く者に対する責任、地域社会貢献（メセナや慈善活動などへの寄付）の3分野で議論されてきたが、今日の重点はまったく別のところにあるという。それでは、どこにCSRの重点があるのか。環境問題や人種差別などの社会問題の解決に向けた貢献に重点が移ったと指摘する。まさにCSRとして、企業がいかに社会的課題の解決に貢献できるかが重要であると言っているのである。

## (2) 2つの領域において生ずるCSR
●CSRをマネジメントする

　上述のようなCSRの基本姿勢に立つドラッカーは、第4章「社会的責任」の「社会的責任をマネジメントする」の項で、CSRはそれほど簡単ではないが、ミルトン・フリードマン[29]のように社会的責任を無視することはできないと言う。経済的機関である企業は経済的機能だけに取り組むべきであると言う考え方はもっともらしく見えるが、社会的責任は回避できないことは明らかとする。

　そのうえで、「あらゆる企業にとって、社会的責任は、自らの役割を徹底的に検討し、目標を設定し、成果をあげるべき重大な問題である。社会的責任はマネジメントしなければならない」と明言する。続く「社会的責任はどこに生まれるか」の項では、「社会的責任の問題は、企業にとって2つの領域において生ずる」と次のように明確に指摘する。

---

※29　1976年にノーベル経済学賞を受賞したシカゴ大学（当時）の経済学者で、「企業は利益を挙げて納税することが社会的責任である」と主張した。

> 【社会的責任はどこに生まれるか】
> 第一に、自らの活動が社会に対して与える影響から生ずる。
> 第二に、自らの活動とは関わりなく社会全体の問題として生ずる。
> しかし、この2つの社会的責任は、まったく違う性格のものである。

　繰り返すと、前者は企業が社会に対して行ったことに関する「第一の社会的責任」であり、後者は企業が社会のために行うことに関する「第二の社会的責任」である。それぞれをもう少し詳しく見てみよう（以下、下線は筆者による）。

## ●企業自らが社会に与える影響に対する責任

　第一の社会的責任は、企業が事業活動を通じた社会に対する影響に関わる責任であり、「あらゆる組織のマネジメントが、自らの生み出す副産物について、すなわち自らの活動が人、環境、社会に与える影響について責任を持つ」と明快である。このような社会的影響に対する責任はマネジメントの責任であり、まずその中身を知らなければならないとする（これは3章のコラム4で述べたISO26000のデューデリジェンスに相当する）。

　そして、これが最も重要なCSRの第一のポイントであるが、「故意であろうとなかろうと、自らが社会に与える影響については責任がある。これが原則である」と言い切っている。そして、「遅かれ早かれ、そのような影響を取り除き、問題を解決するために責任ある行動をとらなかった者に対して、高い代償を払わせる」と責任の重さを強調する。

　この第一の社会的責任の事例として工場と病院を挙げる。製造業の使命は顧客のために製品を作ることであるが、そのためにはどうしても騒音や煙、廃液が出る。これらの環境や社会に及ぼす悪影響は、企業の使命に付随して発生する副産物（産業公害）である。したがって、環境法令の順守は当然ながら、その副産物の低減や除去が必要である。他方、病院の使命は患者の世話をして病気を治すことであり、その使命を達成するには医師だけでなく看護師や事務係・料理係・清掃係などが必要となる。そこに人権や労働などに関するさまざまな課題を抱える職場コミュニティーが誕生することになり、経営者はその責

任において解決を図らねばならない。これらが、すなわち基本原則としての社会的責任である。

### ●社会全体の問題は事業機会の源泉

　第二の社会的責任は、企業自身の活動が必ずしも直接的な原因ではないが、企業が社会全体の問題解決に向けた可能性や期待に関わる責任であり、「あらゆるマネジメントが、社会的な問題の発生を予測し解決することを期待される」とする。企業は社会・環境の中においてのみ存在し、社会全体の問題の影響を受けざるを得ないため、マネジメントにとって重大な関心事となり得る。健全な企業は、不健全な社会では機能できないからである。

　「社会の問題は、社会の機能不全であり、社会を退化させる病」として、その解決は企業にとっての挑戦であり、商機の源泉であると位置付ける。これがCSRの第二のポイントとなるが、「社会の問題の解決を事業上の機会に転換することによって自らの利益とすることこそ、企業の機能である」と企業による事業化に大いに期待する。これはまた、社会的イノベーションにもつながる。このことから、この第二の社会的責任はCSVに相当すると考えられる。

　ただし、この第二の社会的責任には企業の能力や価値観などによって、おのずと限界があると指摘する。企業は、自らが及ぼす社会的影響に対する第一の社会的責任（必須）を果たすのに必要な能力は、すべて備えておかねばならない。しかし、社会全体の問題の解決に向けた第2の社会的責任（挑戦）においては、企業固有の能力や価値観によって限定される。自社の価値観に合わない課題への取り組みや解決能力のない仕事を引き受けることは無責任となるからである[30]。

### ●性格の異なる２つの社会的責任の峻別

　ドラッカーは資本主義における企業のマネジメントに信頼を置きつつ、その社会的責任の重要性を強調する。そのうえで、まったく性格の違う２つの社会的責任を明示しつつ、「異質な２つの社会的責任を峻別せよ」と指摘している

---

※30　ポーター教授も2011年のCSV論文の最後で、CSVによってすべての社会的課題が
　　　解決できる訳ではない、と述べている。

ことは、CSRとCSVの関係を考えるうえで重要な示唆を与えてくれる。つまり、マネジメントの基本的な役割であるCSRには2つの種類があり、その一つがポーター教授の提唱するCSVに相当することを示している。

なお、フィランソロピーなどの社会貢献活動については、『マネジメント』ではドラッカーは既に過去のCSR論点であるとして、詳しくは述べていない。

## 4.4 ISO26000によるCSRの統一

### (1) ドラッカーと同じ定義のCSR

10年に及ぶ国際的なマルチ・ステークホルダーによる議論を基に、CSRの国際規格であるISO26000「社会的責任に関する手引」が2010年に発行された。ISO26000は、簡単に言えば、企業活動により環境や社会に及ぼす影響に対する責任とCSRを定義した（3章3.1節参照）。読者の皆さんはもうお分かりと思うが、このCSRの定義はドラッカーによる「第一の社会的責任」と基本的に同じである。

ISO26000では、この定義に基づきCSRの主要な取り組み領域である7つの中核主題（Core Subjects）として、企業統治、人権、労働慣行、環境、事業慣行、消費者課題、コミュニティー参画・開発を提示した。このISO26000によるCSRの定義と考え方は、後述するようにCSRに関わるさまざまな国際的イニシアチブ（行動規範やガイドラインなど）が採用し始めており、世界的に収斂しつつある。

ポーター教授の提唱するCSVは、米国流フィランソロピーに代表される慈善事業ないし社会貢献活動をCSRとして議論していることは既に述べた。筆者は、「本来のCSR」の実践には本業外の社会貢献活動からの脱却[※31]が不可欠と考えるが、CSVはISO26000が定義するような自らの意思決定や事業活動が環境や社会に及ぼす影響への責任には触れていない。

---

※31 ISO26000（3.3）においても、フィランソロピー（慈善事業）など社会貢献活動の意義を認めつつも、それはCSRに代わるものではない旨を明言している。

> **コラム6** 製品事故の対応に見るメーカー2社の違い

　製品事故が起きた後の対応で、企業の評判が決まることが多い。現在でも完全には解決していないものの、2000年代に一酸化炭素中毒を起こした製品事故に関して、メーカー2社の対応の違いを見てみよう。
　メーカーA社の場合、ガス瞬間湯沸器の作動不良による事故28件、死亡21人。原因は修理業者の不正改造。社長は事故の報告を受けていたにもかかわらず、消費者には一切告知せず、裁判では自社製品の問題ではないと主張したが、業務上過失致死罪で有罪判決となった。現在も、国内販売は3割減のままである。
　メーカーB社の場合、石油ファンヒーターの送風ホースの欠陥で死亡事故が数件発生。当初は原因不明としていたが、社長の決断でリコールを開始し、有料引き取りと無料修理、徹底した社会告知と製品探索を継続中。巨額の回収・告知予算をかけるが、マイナス情報の積極開示で顧客からの信頼は逆に向上した。

## (2) ISO26000が示す「本来のCSR」
### ●CSRにおける持続可能性の重要性

　4章4.2節で述べたように、ポーター教授はCSVでは持続可能性は関係ないとするが、ISO26000におけるキーワードの一つが「持続可能な発展 (Sustainable Development)」である。CSRと持続可能な発展は密接な関係にあるが、両者は異なる概念であることも理解しておく必要がある。

### ①持続可能な発展（持続可能な社会の実現）

　持続可能な発展は、1987年の国連「環境と開発に関する世界委員会」（通称ブルントラント委員会）の報告書『我ら共通の未来』にて提唱された概念であり、それ以降多くの国際会議で採用されている。その意味するところは、将来的な時間軸を持って「地球の生態的制約の範囲内で活動し、未来世代のニーズを損なうことなく、現在世代のニーズを満たすこと」である。

つまり、持続可能な発展の目的は、社会全体ならびに地球環境の持続可能性を実現することである。それゆえ、持続可能な発展（筆者は、「持続可能な社会の実現」と表現する）には、経済・社会・環境の3側面があり相互に依存関係がある[※32]。

②企業の社会的責任（CSR）

一方、CSRは文字通り企業経営に焦点を合わせたものであり、地球レベルの視野を持って、持続可能な社会と環境の実現に向けた企業の責任である。つまり、CSRの全体的な目的は、企業の責任ある行動により持続可能な発展に貢献することである。

ただし、一部で誤解されているようだが、この持続可能な発展は個別企業の継続的な存続可能性を主題にしている訳ではない。持続可能な消費や持続可能な資源利用はすべての企業と関連し、社会全体の持続可能性と深く関係するからである。このことから筆者は、「社会の持続可能性」と「会社の持続可能性」を言い分けている。なお、ゴーイングコンサーンという会計用語があるが、これは個別企業の継続性の観点から表現されたものである。

●強調されるステークホルダーとの関係

ISO26000のもう一つの特徴が「ステークホルダー・エンゲージメント」である。CSRではステークホルダーという言葉がよく使われ、利害関係者と訳されるが、ISO26000（5.3.2）は「企業の意思決定や事業活動に対して一つ以上の利害（interest）を持つ組織や個人」と説明する。ここで利害とは、何らかの権利や要求・主張の根拠（の可能性）となるものを指し、その適否は持続可能な社会の実現に貢献するかどうかで決定するのがよい。

さて、ステークホルダー・エンゲージメントはステークホルダーとの対話・参画と訳されるが、CSRの基本行動としてステークホルダーの主張や要求・期待を聞くことは、社会的・環境的課題と企業活動との関係性を特定するうえで非常に有効である。企業の関心は株主・投資家、顧客、従業員に限定されるこ

---

[※32] 1997年に 英国のジョン・エルキントンの提唱した企業経営の「トリプル・ボトムライン」の考え方に近い。ボトムラインとは企業の財務諸表の最後の行のことで、企業活動による利益と損失の最終結果を意味するが、経済的側面に加えて環境と社会の側面も同様に重要であるとする。

とも多いが、実際にはそれ以外のステークホルダーが特定の権利や利害を持っていることもある。特に、近年注目される海外のサプライチェーンにおいては、直接的な契約関係のない二次以降のサプライヤーに対する責任が厳しく問われていることに留意すべきである。

CSRに関わる企業の意思決定に役立つステークホルダー・エンゲージメントには、次のような事項が含まれる。

- 自社にとって誰がステークホルダーかを特定し、その法的権利や正当な利害を認識し、その関与する立場を考慮する。
- ステークホルダーに企業統治に関する正式な立場がなくとも、企業活動の影響を受ける可能性を考える。
- ステークホルダーの利害や期待と社会の持続可能な発展との関係を考慮する。

以上のことからステークホルダー・エンゲージメントは単なる広報宣伝や顧客対応を超えたものと理解できるが、公式・非公式のさまざまな形態があり得る。いずれにおいても、インタラクティブ（双方向）なコミュニケーションが基本である（コラム7参照）。

### コラム7　ステークホルダー・エンゲージメントの効果

ステークホルダー・エンゲージメントはさまざまな形態を取り得るが、基本は双方向のコミュニケーションであり、相互作用的なものである。ISO26000（5.3.3）は、その効果として以下のことを挙げている。

- 自社のCSRの考え方が、世界の潮流や社会の期待から外れていないかを判断できる。
- CSRに関する多様な視点・論点を得ることができる。
- 自社の利害とステークホルダーの利害を理解し対処が可能となる。
- 自社の意思決定や事業活動が、特定のステークホルダーに及ぼ

す影響を理解できる。
- 自社事業によるプラスの影響を増大させ、マイナスの影響を減らす方法を判断できる。
- 自社のCSRパフォーマンスを客観的に確認し、改善の方向が分かる。
- 自社の意思決定や事業活動の透明性の向上を図ることができる。
- 相互に有益な目的を果たすためのパートナーシップを形成できる。

### ◉CSRの基盤となる企業統治と人権

　図表3-2に示した相互に関係する7つの中核主題に優劣がある訳ではないが、CSRの目標に照らして全体の基盤として位置付けられるのが「企業統治」である。また、CSR概念の根幹に関わるのが「人権」である。そこで、これらについて簡単に説明する（コラム4参照）。

### ①企業統治と「デューデリジェンス（Due diligence）」

　ISO26000は7つの中核主題については特定の領域に偏るのではなく、相互に関連し補完し合いながら全体的な視点で見るべきであること（Holistic Approach）を強調する。その中で「企業統治」は他と位置付けが異なり、最も中心的かつ基盤的なものである。つまり、ISO26000の言う企業統治は、企業が社会的責任を果たすために意思決定し実行に移す仕組みや運用プロセスであり、その目的は狭義の株主価値の向上だけに限定されないことを意味する。

　さらに、企業統治との関連で重要なのが「デューデリジェンス」である。これは企業活動による顕在的・潜在的なマイナスの影響を誠実かつ体系的に検討・分析し、社会や環境に与える危険性を回避もしくは最小限に抑えるためのプロセスと定義される。簡単に言えば、自社のCSRに関わる"問題発見プロセス"であるが、広範なリスクマネジメントとして位置付けることができる。「CSR監査」とも言われる。

### ②人権問題と「加担の回避」

　次いで、ISO26000で強調される中核主題は「人権」である。人権に関する

具体的な実践課題（Issues）を上記のデューデリジェンスの手順から見ると、次のような行動が期待される。

- 分かりやすい人権方針、人権への影響の評価手法、企業全体への人権意識の浸透方法などを策定する。
- 操業する国や地域の状況、自社事業による顕在化したまたは潜在的な人権侵害の可能性を検討する。
- 自らの意思決定と事業活動によるマイナスの影響への対処方法を検討する。

人権問題の重要な側面に「差別」がある。日本企業は国内固有の問題として同和問題を中心に考えがちだが、海外事業やサプライチェーンも視野に入れた「労働慣行」との関連でもっと幅広く考えねばならない。差別とは、偏見に基づき特定の個人や集団を他と平等に扱うことを拒否することである。偏見には、人種・肌の色・性別・年齢・国籍・社会的出身・配偶者の有無・性的嗜好・健康状態・政治的所属・宗教などがあり、一見中立的な企業規程の条項・基準・慣行による間接的差別にも注意を喚起する。

また、ISO26000による人権の新しい視点として「加担の回避」がある。加担とは企業が他者の人権侵害を故意ないし実態的に支援することであり、直接的加担（意図的な人権侵害の支援）、受益的加担（他者の人権侵害からの利益獲得）、暗黙的加担（他者の人権侵害への沈黙）の３形態がある。簡単に言えば、人権・労働問題を"見て見ぬふり"をする「加担」は、特に日本企業がアジアなどへの海外展開や海外からの部品調達の際に、現地の労働問題と関連して発生することが多い。最近になって、海外の現地法人や調達先でトラブルを抱える事例が増えている。つまり、加担は「サプライチェーンのCSRリスク」の一つとなったのである。

### コラム8　2つのアップルショック

2012年、アップル社の中国におけるサプライヤーについて、米国公正労働協会（FLA）の監査報告書によって、ファブレスの同社が生産委託する台湾企業の中国子会社の３工場（労働者数18万人）で、

過酷な長時間労働や未払い残業など50件以上が発覚し、世界に衝撃が走った。

　労働組合も十分機能せず、「従業員は健康と安全の両面で深刻なリスクに直面している」と同報告書は警告した。同社のCEOは直ちに中国を訪れ、現地企業と労働条件の改善で合意した。大躍進を遂げた同社製品の大半はこの中国工場群で作られてきたが、このようなアジアのサプライチェーンが下支えしてきたビジネスモデルやコスト競争力の実態が露呈した。

　他方、水質汚染を指摘する中国の環境NPOなどとの長い論争の末、同じ2012年に同社は日本企業を含む世界中の100社を超す一次サプライヤーを公表した。業界ではこのようなことは異例であるが、「中国のNPOは侮れない」という同社CEOの言葉は印象的であった。これがもう一つのアップルショックである。

● **自社のCSRをどう認識し特定するか**

　ISO26000はCSRの基本的な考え方として、7つの「原則」と7つの「中核主題」を示したが、その基礎となる「本来のCSR」の理解と自社のCSRの特定について、次のように説明する[33]。

① **CSRを企業・ステークホルダー・社会の関係から考える**

　企業が自社のCSRを考えるに当たっては、その意思決定や事業活動によって引き起こされる問題を特定し、どう対応すべきかを決定することが基本である。そのためには、ステークホルダーの存在の認識が不可欠である。それゆえ、自社にとって何が重要なCSRであるかを特定するには、まず企業・ステークホルダー・社会の関係性を明確にしておく必要がある（図表4-2参照）。

---

[33] 実際に「本来のCSR」をどのようにして企業経営に落とし込むかについては、第3編にて詳しく述べる。

## 図表4-2：企業・ステークホルダー・社会の相互関係

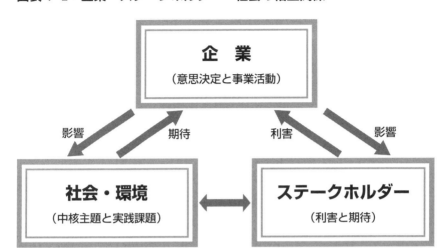

（注）ステークホルダーの利害は、社会・環境の期待と一致しないこともある。
（資料）筆者作成

②自社にとって重要なCSRを特定する

　企業が自社のCSRを特定するに当たっては、7つの「中核主題」とそれぞれの「実践課題」を基準にして、自らの意思決定や事業活動が及ぼす社会的・環境的な影響（Impacts）を特定し、それに対応する取り組みを検討することになる。そのうえで、自らが引き受けるCSR課題へのコミットメントの表明が必要である。

③CSRを企業の「影響力」の範囲で考える

　企業の「影響力（Influence）」の範囲とは、CSRの実践範囲を意味し、いわゆるCSRの「バウンダリー問題」である。企業の意思決定や事業活動の影響は広範囲に及ぶため、企業が内外に与える影響について責任がある。マイナス影響に対しては、回避・軽減方策を講じる責任を負う。企業の「影響力」の範囲は、バリューチェーンやサプライチェーンの一部が含まれ、CSRに関わるステークホルダーを特定する必要がある。

## (3) ISO26000の最大の功績

　ISO26000の発行によって、「本来のCSR」とは何かが明らかになった。それは、持続可能な地球社会の実現に向けて、企業が自らの行為の結果に対して果たすべき責任である。ISO26000の策定プロセスにおいても、その意義を見いだすことができる。その検討・開発には、当初から世界の政府、産業界、労働界、消費者・人権団体、NGO・NPO、研究者の代表が参加し、国際的なマルチ・ステークホルダー・プロセスという従来にない方式が採用されたからである。それゆえ合意形成には時間がかかったが、これは多様なステークホルダーの合意に基づく、文字通りCSRのグローバルスタンダード（いわば世界共通のCSRのモノサシ）が確立したことを意味する。

　このような状況を踏まえて、ISO26000が発行されたことによる最大の功績は3つある、と筆者は考えている。すなわち、①CSRの定義を統一したこと、②CSRの全体像とCSRの課題を網羅的に示したこと、そして③CSR実践のためのベンチマークを示したこと、である。以下、説明する。

### ◉CSRの定義を統一したこと

　従来、CSRの定義については、国や国際機関あるいは企業や論者によってさまざまなものが存在した。しかし、繰り返し述べてきたようにISO26000は「企業の意思決定と事業活動が社会と環境に及ぼす影響に対する企業の責任」と簡潔かつ明快に定義した。これによりCSRに関する世界的なイニシアチブの定義も、ここに収斂しつつある。

　考えてみれば、これは当然と言えば当然である。例えば、ある個人（読者の皆さん）がわざとではなくても、あるいは知らないうちに、他人に迷惑をかけてしまったとき、どう対応するか。ゴメンと謝ってしかるべく対処するのが基本である。このことは、「法人」である企業においても同じである。

### ◉CSRの全体像とCSRの課題を網羅したこと

　将来世代も見据えた持続可能な環境と社会を実現するためには、それを阻害するグローバル・ローカルの社会的課題の解決が不可欠である。しかし、企業はその行為によって、非意図的であっても特定のステークホルダーに対して悪

影響を及ぼし、結果として社会的課題を助長している（する）かもしれない。そこでISO26000は、「中核主題（Core Subjects）」としてCSRの取り組み領域について全体フレームワークを示し、さらに中核主題ごとに「実践課題（Issues）」という形で、企業が取り組むべき社会的課題（すなわちCSR課題）にはどのようなものがあり得るのかを網羅的に示したのである。

　これらを基準にして、企業はまず自社の意思決定や事業活動の影響によって引き起こされる実際のあるいは潜在的な課題を、自ら見極める必要がある。そうすることで、自社はCSRとして何ができていて、何ができてないのかを確認できる。そして、自ら特定したCSR課題について、どう取り組むのかを検討・判断する必要がある。その際に役立つ手法が、デューデリジェンスとステークホルダー・エンゲージメントである。

●CSR実践のためのベンチマークを示したこと

　従来、CSRとして何をどこまで実践すれば十分なのかという判断基準は曖昧であった。これに対して、ISO26000は文字通り"CSR実践の手引"として、上記の実践課題ごとに合計300を超す「期待される行動」も具体的かつ詳細に提示したのである。これによりCSR実践のための一定のベンチマークができたことになる。

　それゆえ、企業はこれまで以上にステークホルダーや社会から、世界共通のCSR行動基準でグローバルに評価ないし監視されることになろう。その意味で企業にとってのCSR経営は厳しくなる半面、ISO26000を正しく理解し、率先実行すればその評価は高まることになる。

　以上のことから、ISO26000がCSRの世界的なデファクトスタンダードとなったことがお分かりいただけたと思う。ただし、CSRの実践内容は、ある時期の社会の課題・期待を反映するものであり、絶えずダイナミックに変化している。それゆえ、企業はグローバルな観点で社会的課題や期待される行動の変化を常にウォッチしておくことの必要性をISO26000は強調している。

## (4) ISO26000が日本企業に与えた影響
### ◉企業行動憲章を改定した経団連

　ISO26000を世界共通のCSRの新しいモノサシとして、自社のCSRを見直し始めた日本企業は少なくないが、最も影響を受けたのは、その開発にも関わった日本経団連だったのかもしれない。ISO26000の考え方を踏まえて、2004年版「企業行動憲章」を2010年に大幅改定したからである。その「序文」は、ISO26000の精神を色濃く反映したものとなった（図表4-3参照）。

　また、引用はしていないが、同憲章の「前文」においては、企業の位置付けを従来の「利潤を追求する経済的主体」から、新たに「付加価値を創出し、雇用を生み出すなど経済社会の発展を担う主体」に変更した。この画期的な改定も、多方面から注目された。

　次に、ISO26000が日本企業に与えた影響として、CSR報告の見直しとKPI（Key Performance Indicators：主要業績評価指標）の導入という2つの視点から先進的な対応事例を示す。いずれも2011年から2013年にかけての動きである。

### ◉ISO26000によるCSR報告の見直し

　ISO26000に基づく日本企業のCSR経営の見直しは、全体的にはまだ初期段階にあるが、ISO26000の影響はその発行直後の各企業の2011年版CSR報告書に早速表れた。企業によりISO26000への対応はさまざまであるが、既存の自社のCSR体系との関係から、以下の3つに分類できる[34]。その背景には、ISO26000が国際的に合意されたCSR規格というだけでなく、グローバルな事業展開におけるリスクマネジメントの要件と認識されたことも要因と考えられる。

- 自社CSR体系のままの取り組み総括でISO26000対照表を添付
  （例）帝人：自社CSR体系からISO26000への適合性を見る
  　　　トヨタ自動車：ISO26000から既存CSR体系の実施項目を見る
- 自社CSR体系とISO26000の中核主題・実践課題とを関連付け
  （例）リコー：編集時に主要取り組みを検証、掲載内容を決定

---

※34　例示した企業の2年後の2013年版CSR報告書では、いずれもISO26000との整合性を意識したさらなる質的向上がうかがえる。

## 図表4-3：日本経団連の2010年版「企業行動憲章」の序文

**企業行動憲章**

2010年9月14日
(社) 日本経済団体連合会

【序文】

近年、ISO 26000（社会的責任に関する国際規格）に代表されるように、<u>持続可能な社会の発展</u>に向けて、あらゆる組織が自らの社会的責任（SR: Social Responsibility）を認識し、その責任を果たすべきであるとの考え方が国際的に広まっている。とりわけ企業は、所得や雇用の創出など、経済社会の発展になくてはならない存在であるとともに、<u>社会や環境に与える影響が大きい</u>ことを認識し、「企業の社会的責任（CSR）」を率先して果たす必要がある。

企業は、これまで以上に消費者の安全確保や環境に配慮した活動に取り組むなど、株主・投資家、消費者、取引先、従業員、地域社会をはじめとする企業を取り巻く幅広い<u>ステークホルダーとの対話</u>を通じて、その期待に応え、信頼を得るよう努めるべきである。また、<u>企業グループとしての取り組みのみならず、サプライチェーン全体</u>に社会的責任を踏まえた行動を促すことが必要である。さらには、<u>人権問題や貧困問題</u>への関心の高まりを受けて、<u>グローバルな視野</u>をもってこれらの課題に対応することが重要である。（以下、略）

(注) 下線は筆者による。

（資料）日本経団連2010年度版「企業行動憲章」

　　　　　損保ジャパン（当時）：中核主題ごとに今後の取り組み課題を抽出
・自社CSR体系をISO26000の中核主題・実践課題に準じて変更
　　　　　⇒CSR報告書の目次もISO26000の中核主題に準拠
　（例）東芝：CSR経営強化のプロセスをWEB開示
　　　　大成建設：中核主題を基にしてCSR活動を再編

### ●ISO26000に基づくKPIの体系化

　もう一つ重要なISO26000の日本企業に対する影響がある。CSR経営の見直しの中で、ISO26000のフレームワーク（中核主題と実践課題）を基にした自社独自のKPI体系を構築し、PDCAサイクル[35]のツールとして運用を開始する企業が出てきたのである。

　KPIの導入はCSR経営の定量的な目標設定と自己評価を意味し、定性的な評価になりがちなCSR経営を超えて、定量的な成果を重視する姿勢の表れでもある。ここでCSR報告書で開示された先進事例を2件紹介する（図表4-4、4-5参照）。

① 東芝では、ISO26000を活用したCSRマネジメントサイクルが特徴的である。コーポレート部門と各事業部門が連携して、本業（事業プロセスと主要プロダクト）における社会的影響度の観点から、「取り組み点検→課題抽出→KPI設定→計画実施→達成点検」というサイクルを回す。
　　具体的には、ISO26000の「期待される行動や期待」項目を精査したうえで、独自の視点からグループ共通の中期的なKPIを40項目設定し、達成状況を自己点検する。全体的にグローバルな視点から考えられている。

② 大和ハウス工業では、ISO26000の実践課題における社会的課題を基に、独自のCSRインディケーターと呼ぶKPI（財務指標を含む8分野、18課題、40指標）を策定してCSR体系を構築した。

---

[35] 業務管理手法の一つで、Plan(計画)→Do(実施)→Check(点検)→Act(是正)を継続的に繰り返し、システムやプロセスを改善していくこと。環境マネジメントシステムのISO14001の認証で広く普及した。

## 図表4-4：ISO26000に基づくKPI体系化の先進事例①

【東芝：KPIとCSRパフォーマンス評価】

| 中核主題 | Index（中項目） | Indicator（小項目） |
|---|---|---|
| 企業統治 | コーポレート・ガバナンス | 女性取締役数、社外取締役出席 |
| | CSR経営の社内浸透 | インテグリティ職場ミーティング |
| 人権 | サプライチェーンの人権配慮 | 紛争鉱物の調査会社数 |
| 労働慣行 | 多様性の推進 | 障がい者雇用率、女性採用率（単体、連結） |
| | 職場の安全衛生管理 | OHSAS18001取得連結会社数 |
| | | 労働災害発生件数（グループ） |
| 環境（製品） | 環境効率の向上 | 総合環境効率 |
| | | 製品、事業プロセスの環境効率 |
| | 製品総合 | 環境・エネルギー製品の売上高 |
| | 地球温暖化防止 | エコプロダクツによる$CO_2$削減 |
| | | エネルギー製品による$CO_2$削減 |
| | 資源有効活用 | 製品の省資源化率 |
| | | 再生プラスチック利用率 |
| | 化学物質管理 | 特定化学物質の製品含有率 |
| 環境（プロセス） | 地球温暖化防止 | GHG総排出量、$CO_2$排出量原単位 |
| | 資源有効活用 | 廃棄物量、最終処分率 |
| | | 水受入量の原単位 |
| | 化学物質管理 | 総排出量、取扱量の原単位 |
| 環境（総合） | 生物多様性 | サイト別の生物多様性調査率 |
| | 環境教育・人財育成 | エコスタイルリーダーの育成 |
| 事業慣行 | 調達先の労働、安全、環境 | 調達先のCSR調査会社数 |
| | コンプライアンスの徹底 | 贈収賄指針対象会社の監査率 |
| | | 情報セキュリティの自主監査率 |
| 顧客（消費者） | 発信情報の虚偽・過大表現 | 景品表示法の違反件数 |
| | 製品安全の法令順守 | 電気用品安全法の違反件数 |
| | 製品回収・リコール | 消費生活用製品安全法の事故開示率 |
| コミュニティー参画・開発 | 社会貢献活動の推進 | 社会貢献参加数、プログラム数 |
| | 東日本大震災復興支援 | 支援総額 |

（注）Indexごとに前年度実績と次年度課題の説明あり。IndexおよびIndicatorは一部割愛した。
（資料）「東芝グループCSRレポート2014」39～46ページから抜粋し、筆者作成

## 図表 4 - 5：ISO26000に基づく KPI 体系化の先進事例②

【大和ハウス工業：CSR 自己評価指標（CSR インディケーター）】

| 分野 | 社会的課題 | 指標 |
|---|---|---|
| 人権 | 苦情解決 | 倫理・人権ヘルプライン解決率 |
| | 差別、社会的弱者★ | 障がい者雇用率 |
| | | 女性管理職比率（目標達成率） |
| 労働慣行 | 労働安全衛生★ | 労災件数（前年比増減率） |
| | | 有給休暇取得率 |
| | 人材育成、訓練★ | 若年層の資格取得率 |
| | | 経営幹部候補者の外部評価 |
| 環境 | 気候変動の緩和、生物多様性★ | 製品の $CO_2$ 削減貢献量 |
| | | 事業所の $CO_2$ 排出量の削減率 |
| | | 生物多様性の自主基準適合率 |
| | 環境汚染の予防 | 建設廃棄物排出量の削減率 |
| 事業慣行 | 公正な競争 | 下請法関連の相談対応解決率 |
| | | 自社社員行動の取引先アンケート |
| | バリューチェーンの CSR | 契約業務の自主基準適正度 |
| 消費者課題 | 消費者の安全衛生 | 製品性能特別点検の実施率 |
| | 消費者の支援・苦情解決 | 住宅購入者の満足度 |
| コミュニティー参画・発展 | コミュニティーへの参画★ | 社会貢献活動（件数、実施率） |
| | | NPO・NGO との協働機会 |
| | 社会的投資★ | 社会貢献活動費用（経常利益比率） |
| | | ボランティア休暇取得率 |
| 組織統治 | 透明性 | 年次、CSR レポートの外部評価 |
| | | IR サイトの外部評価 |
| | ステークホルダー・エンゲージメント | ダイアログ（公募制）参加者満足度 |
| | 社会的責任の理解 | CSR レポートの GRI 対応率 |
| 財務指標 | 収益性（営業利益率）、成長性（売上高、営業 CF）、安全性（金利負担力） | |

（注）★は重点課題を示す。2012年度より単体中心に運用開始。
（資料）「大和ハウスグループCSRレポート2013（詳細版）」132～138ページから抜粋し、筆者作成

そのKPIは、自社の業種特性を考慮したユニークな項目（例えば、倫理・人権ヘルプラインの解決率、社員行動に関する取引先アンケート）も設定されている。KPIを毎年開催する独自の公募型ステークホルダー・ダイアログや、経営層・各事業部門の責任者の意見を加味して運用する。

## 4.5　世界的に収斂するCSRの概念

### (1) 世界的な試行錯誤が始まった「統合報告」(Integrated Reporting)
●経営環境のグローバルな構造変化と「統合報告」

　2010年代に入ると、CSRの行動ガイダンスであるISO26000に続いて、企業の情報開示においても世界的に大きな動きがあった。2013年12月にIIRC（国際統合報告評議会）[36]が財務情報と非財務情報を経営レベルで関連付けて開示する「国際統合報告フレームワーク」を正式に公表したのである。

　統合報告とは、企業の売上や利益など財務情報と、ESG（環境・社会・統治の英語の頭文字）の問題や中長期経営戦略など非財務情報を関連付けて投資家を中心にステークホルダーに報告するものである。背景には、グローバル化に伴う企業の事業環境や社会的課題の認識に変化が起きていることがある。

　これまでも短期志向ではない長期投資家から、「適切な投資の意思決定のためには、財務情報だけでは不十分である」との指摘があった。これは、企業価値の創造に対する財務情報の説明力や有用性の相対的な低下を背景に、企業価値の判断において非財務情報の重要性が高まっていたからである。

　IIRCは「世界は変わった。報告も変わらなければならない」と訴える。世界の変化とは、経済のグローバル化を背景に地球規模の相互依存の強化、人口急増や消費増大に伴う資源逼迫に起因するものである。この変化が、地球環境の劣化とともにエネルギーや水・食糧など資源の利用可能性と価格にも重大な影響を与えており、地球レベルで社会・環境への影響力を強める企業には説明

---

[36] 世界の大企業、機関投資家、会計士団体、NPOなどにより2010年に設立され、日本からのメンバーは東京証券取引所CEOや日本公認会計士協会常務理事など。議長は英国チャールズ皇太子の秘書が務める。

責任が強く求められるようになった。このような問題意識に基づき、IIRCは統合報告書に求められる基本原則を7つ提示した（図表4-6参照）。

● **非財務情報の中核としての「ESG情報」**

投資家（IIRCは財務資本の提供者と呼ぶ）の関心事は企業の業績と株価である。将来的な成長性と企業価値は株価に反映されることから、企業価値の最大化のために、企業はどのような経営戦略を持ち、どのような取り組みをするのかという情報が必要である。それゆえ財務情報は当然ながら、経営ビジョンや知的財産あるいは環境・CSR活動などの非財務要素が経営戦略にどう関係し、また将来の企業価値にどのような影響を及ぼすのか、企業自らが明らかにしなければならない。

このような非財務情報の中で注目されるのが「ESG情報」である。簡単に言えば、"CSR情報"となるが、2000年代に入ってESGという表現が、投資リスクの観点から欧米の主流投資家の間で使われるようになった。その後、2006年に成立した国連の「責任投資原則（PRI）[※37]」に採用されたことで世界中に広まり、環境と社会の持続可能性に向けて、すべての投資対象企業がこの視点から評価されることが認識された。そこで資本市場で非財務情報と言えば、ESG情報を意味するようになったのである。

● **有用な非財務情報とは何か**

それでは、どのような非財務情報が有用なのか。これを考える際に大事なことは、誰がどのような非財務情報を欲しているかを知ることである。

日本企業の多くが環境・CSR報告書で$CO_2$排出量を開示している。地球温暖化に関心の高い人々にとって、これは有用な非財務情報である。しかし、一般の投資家は$CO_2$排出量だけで投資の意思決定はできず、それが経営や業績に対してどのような意味を持つのかが重要である。つまり、過去の$CO_2$排出量（の増減）が業績に与えた影響や効果はもちろんのこと、今後の規制動向や自社の

---

※37 2006年、当時のアナン国連事務総長が世界の金融業界に対して提唱した原則で、機関投資家の意思決定プロセスにESG課題を受託者責任の範囲内で反映させるべきとしたガイドライン的な性格を持つ。同年6月に、ニューヨーク証券取引所で発足式が行われた。

## 図表 4-6：IIRCの「統合報告」の基本的な考え方

| 「統合報告」が必要となった要因 |
|---|
| ①経営環境の変化(グローバル化、金融危機、経営透明性の要請、人口問題、資源・環境問題など）に対応できる、中長期視点での企業報告が必要になった |
| ②投資家の短期主義が、企業にも短期志向をもたらしている |
| ③企業価値の源泉が、有形から無形へと変化している |
| ④企業の報告負担が増す一方で、情報利用者に経営の全体像を提供できていない |
| ⑤企業情報の乱立⇔財務、統治、戦略、知財、CSRなど報告における重複・不整合 |

| 統合報告書の7つの基本原則 | |
|---|---|
| ・戦略的焦点と将来志向 | 長期的な価値創造に向けた経営戦略の明確化 |
| ・情報の結合性 | 財務情報と非財務情報の関連付け |
| ・ステークホルダーとの関係 | ステークホルダーの意見の取り入れ |
| ・重要性 | 焦点を絞った情報の提供 |
| ・簡潔性 | 簡潔で分かりやすい情報の提供 |
| ・信頼性と完全性 | 信頼できるすべての重要な情報の提供 |
| ・一貫性と比較可能性 | 一貫した報告方針かつ他社比較可能な情報の提供 |

(注) 下線は筆者による。
(資料) IIRC「国際統合報告フレームワーク(2013年12月)」を基に筆者作成

削減目標・計画が将来の業績や企業価値にどのような影響を及ぼすかについての情報が必要となる。

このように考えると、長期投資家を対象とした場合、その有用な非財務情報とは、当該企業の業種特性に応じて、中長期的に企業価値が高まるかどうかを判断するのに必要な情報ということになる。

### ●IIRCの統合報告フレームワーク

過去情報である財務情報中心の企業報告は20世紀型モデルとして確立されたが、21世紀に入って企業の経営環境の枠組み自体に大きな変化が起きており、未来志向の企業報告が必要になったのである。それゆえ、企業価値の意味が変わり、企業報告はもとより企業経営の在り方も問い直されるようになった。IIRCの統合報告フレームワークでは統合報告書に8つの「内容要素」を記載することを求めている。要は、統合報告書で経営者が投資家に答えるべき"8つの質問"である（図表4-7参照）。なお、記載事項に対するガバナンス責任者の「声明」も求められる。

以上のことから、統合報告書とは、①企業自身による企業と社会に対する価値創造プロセスを有形・無形の「6つの資本[※38]の利用と増減」という観点からビジネスモデルとして説明するものであり、②経営環境の変化の中で、企業の戦略・統治・実績展望が、どのように長期的な企業価値の創造につながるかを簡潔に伝えるコミュニケーション・ツールである。

従来の企業報告の発想とは大きく異なるため、これまで財務指標で経営判断をしてきた多くの企業には戸惑いもあろうが、将来に向けた企業経営の新しい評価基準となったのである。

---

※38 IIRCは財務資本、製造物資本、知的資本、人的資本、社会・関係資本、自然資本を設定した。

**図表4-7：統合報告書で経営者が答えるべき"8つの質問"**

| ①企業概要と外部環境 | 将来、<u>どのような事業を</u>、<u>どのような経営環境において営む</u>のか？ |
|---|---|
| ②ガバナンス | 企業統治の構造は、どのように<u>短・中・長期の価値創造の能力</u>を担保するのか？ |
| ③リスクとチャンス | 短・中・長期の価値創造能力に影響を及ぼすチャンスとリスク、それに対する取り組みはどのようなものか？ |
| ④経営戦略と資源配分 | 企業はどこへ向かおうとするのか（戦略目標）？　どのようにしてそこに辿り着くのか？ |
| ⑤ビジネスモデル | 企業のビジネスモデルはどのようなものか？　それはどの程度の"<u>復元力</u>"を有するのか？ |
| ⑥実績<br>（パフォーマンス） | 企業は戦略目標をどの程度達成したか？　<u>資本への影響</u>に関する成果はどのようなものか？ |
| ⑦将来展望 | 経営戦略遂行における課題や不確実性は何か？　ビジネスモデルや将来の実績への潜在的影響は何か？ |
| ⑧作成と開示の基礎 | 記載事象はどのようにして決定されたのか？　それはどのように定量化され、評価されたのか？→ガバナンス責任者の声明 |

（注）下線は筆者による。
（資料）IIRC「国際統合フレームワーク（2013年12月）」を基に筆者作成

## (2) CSRの方向性を決める世界標準群

　ここまではISO26000と統合報告について述べたが、両者との関係でCSRの方向性に影響を与える新たな動きがある。すなわち、GRIの「持続可能性報告ガイドライン第4版」とEUの「新CSR戦略」ならびにOECDの「多国籍企業行動指針」の改定である。これらはいずれもISO26000のCSRの概念・定義を取り入れており、相互に関連を保ちながら、今後、CSRの世界標準を実質的に牽引していくと考えられる。

### ●GRI持続可能性報告ガイドライン第4版

　2013年5月に公表されたGRI持続可能性報告ガイドライン第4版は、国際的に合意された基準などとの整合性を図るべく、ガバナンス、サプライチェーン、マネジメントアプローチにおいて2004年発行の第3版から大きく変わった。特に企業活動の社会・環境への「影響（impacts）」は、ISO26000の影響を強く

受けている。つまり、第3版では「影響」は企業の事業活動に関連してやや曖昧に使われたが、第4版では明確な企業の価値創出の文脈で、「企業の事業活動や製品・サービスが経済・社会・環境に対して与える影響」と定義された。これは、言うまでもなくISO26000によるCSRの定義そのものである。

さらに第4版では、他者への「影響力（influence）」も強調し、その行使による効果を示して、見える化のための「バリューチェーンのマッピング」を新たに盛り込んだ。このことは、企業が自社の社会・環境への影響力をマネジメントすることが、CSRの中核に位置付けられたことを意味し、今後のCSR経営（特に、バリューチェーンにおけるCSR）の重要な論点となろう。ここで第4版の標準開示項目を図表4-8に示す。

なお、GRIガイドライン第4版では、持続可能性報告と統合報告はそれぞれ目的が異なるものの、持続可能性報告は統合報告に欠かせない要素であると位置付けている（コラム9参照）。また、詳細な情報開示については、統合報告から法定財務報告や持続可能性報告などを参照するなど、統合報告と持続可能性報告が併存する形態を示唆している。

## 図表4-8：GRI持続可能性報告ガイドライン第4版の開示項目

| 【一般標準開示項目】 | |
|---|---|
| • 経営戦略および分析、企業のプロフィール<br>• 特定されたマテリアルな側面とバウンダリー<br>• ステークホルダー・エンゲージメント<br>• 報告書の全体構成<br>• コーポレートガバナンス、倫理と誠実性 | |

| 【特定標準開示項目】 | |
|---|---|
| カテゴリー | 側面（Aspects） |
| 経済<br>（財務指標にあらず） | • 経済的パフォーマンス<br>• 地域での存在感、間接的な経済影響<br>• 調達慣行 |
| 環境 | • 原材料、エネルギー、水、廃棄物<br>• 温室効果ガス、大気・水域・土壌への排出<br>• 生物多様性<br>• 製品・サービス、輸送<br>• 環境法令順守、サプライヤーの環境調査<br>• 環境面の苦情処理 |
| 社会 | • 労働慣行とディーセントワーク（詳細項目：略）<br>• 人権（詳細項目：略）<br>• 社会（詳細項目：略）<br>• 製品責任（詳細項目：略） |

(注)「社会」の4項目は正確には「サブカテゴリー」である。
(資料)「GRI持続可能性報告ガイドライン第4版」を基に筆者作成

● EUの新CSR戦略

　GRIガイドライン第4版の公表と前後して、2011年10月に欧州委員会は欧州における2012年から2014年までの新しいCSR戦略を発表した。欧州委員会もCSRの定義をISO26000を踏まえて変更している。従来は「企業が業務運営とステークホルダーとの相互交流に社会・環境問題を自主的に組み込むコンセプト」であったが、新戦略では「社会・環境への影響に対する企業の責任、そのための長期的・戦略的アプローチ」となった。ここでもISO26000の影響が見られ、CSRの基本概念が世界的に収斂していることが読み取れる。

　一方、この新CSR戦略では、企業活動に伴う影響に対する責任を事業プロセスに組み込むとともに、CSVの最大化も求めている。つまり、EUの新しいCSR戦略は、社会的課題の解決と企業の競争力強化の両立というCSVの文脈でも語られていることになる。統合報告については、中長期の重要なゴールであり、欧州委員会は関心を持ってIIRCの活動をフォローするとしている。なお、2014年にEU会計指令改正案が承認され、従業員500人以上のEU内企業は非財務情報の開示が義務付けられた。

● OECD多国籍企業行動指針

　先進国の国際経済全般についての協議を目的とするOECDは、多国籍企業行動指針を2011年に改定して、ISO26000のCSR概念を取り入れた。特に、「責任ある企業行動」として、事業活動から生じる悪影響への対処と人権デューデリジェンスを強調した（6章コラム14参照）。

● CSRの世界標準群の相互関係と収斂

　これまで説明してきた5つの世界標準、すなわちISO26000とIIRCの統合報告、GRIの持続可能性報告、EUの新CSR戦略ならびにOECD指針は、ISO26000を中心に相互関係にある。それを図表4-9に示す。ISO26000によるCSRの定義「企業の意思決定と事業活動が社会と環境に及ぼす影響に対する企業の責任」が、いずれのCSRの定義や考え方に対しても直接的な影響を与えていることが分かる。

4章　CSRの本来の意味

### 図表4-9：CSRの方向性を決める世界標準群の相互関係

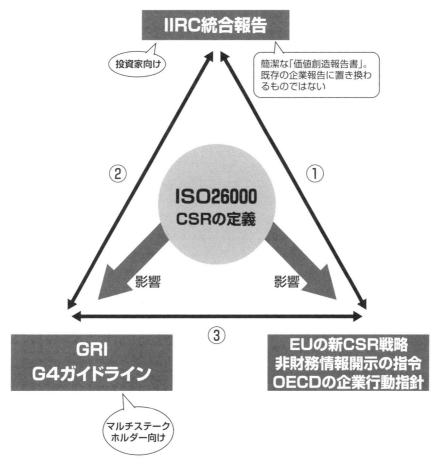

① 現状、IIRCとEU戦略の直接的な関係性は薄いが、欧州委員会は統合報告を中長期の重要なゴールと認識し、高い関心を寄せている。

② IIRCとGRIの目的は異なるが、CSRは統合報告の本質的な要素であり、「統合思考」の基礎となる。

③ GRIとEU指令の開示要求（環境、社会、労働、人権、腐敗防止、ダイバーシティ）は、ほぼ同等。両者ともCSR報告書の発行を促す。

（資料）筆者作成

### コラム9　統合報告とサステナビリティ報告の関連性

　サステナビリティ報告（CSR報告）とは、長期的な収益性と社会的責任や環境配慮を結びつけるプロセスの一つである。経済、環境、社会およびガバナンス面におけるパフォーマンスと、それによるプラス・マイナスの影響を伝える基盤となるものである。

　これに対し、統合報告は、現在および未来の価値創造にとってマテリアルな要素を統合表現して、企業の財務資本の提供者に提示するものである。サステナビリティ報告の開示項目を基に作成される。

　そのため、サステナビリティ報告は、CSRの重要課題や戦略目標を特定するだけでなく、目標達成や長期的な価値創造の能力の評価に向けた情報を提供することにより、企業の統合思考や報告プロセスの基盤を形づくる役割を果たす。

（GRI・G4、第1部、6.1より抜粋。下線は筆者による。）

### コラム10　国連グローバル・コンパクト（UNGC）

　UNGCはCSRに関わる世界的なイニシアチブの一つであり、人権・労働・環境・腐敗防止の4分野・10原則からなる。1999年に当時のアナン国連事務総長がダボス会議で提唱したもので、2000年に国連本部で正式に発足した。当初は3分野だったが、2004年に腐敗防止が追加された。

　このイニシアチブが提案された背景には、2つの要因がある。①グローバリゼーションの負の側面が目立ってきたこと、②地球的規模の課題解決には国家だけでなく、社会への影響力を強めた企業の役割が期待されたこと。

　現在、このイニシアチブを支持・署名する団体は全世界で1万2000を超え、8000強の企業だけでなく、労働組合・自治体・NPOなどが加盟する。そのうち日本関係は210団体で、決して多いとは言えない。署名企業は年1回の取組報告書の提出が義務付けられているが、

CSR報告書で代替できる。日本も含め各国にローカルネットワークがある。

## 5章
# 第一CSRと第二CSRを提唱する

## 5.1 第一CSRと第二CSRの両輪関係

### (1)社会貢献活動を超える「2つのCSR」
◉並立する第一CSRと第二CSR

　ポーター教授は、社会変革やイノベーション創出のために米国流フィランソロピー（善行的CSR）からCSV（戦略的CSR）への脱却を訴えた。米国では一般的にフィランソロピーがCSRと考えられていることも背景にあるようだ。日本においても「CSR＝社会貢献活動」と理解する企業は少なくない。企業の行う社会貢献活動の形態には、フィランソロピーだけでなく寄付やメセナ、NPO活動の助成あるいは企業プロボノ[39]や社員のボランティア支援などさまざまなものがあるが、社会貢献活動とは、本業とは直接関係のない「企業市民活動」の総称である。

　言うまでもなく、企業の社会貢献活動それ自体は素晴らしい行為であり、社会にプラスの影響を与えることができる。しかし、ISO26000（3.3.4）は、フィランソロピーに代表される社会貢献活動はCSRに代わるものではないと明言する。

　ここでCSRに関するドラッカーの考え方やISO26000をはじめとする世界的

---

※39 医師や弁護士などが専門知識を用いて行う奉仕を表すラテン語のプロボノパブリコから派生した言葉。企業がその知識・ノウハウなどを活用するボランティア活動。

なイニシアチブの動きを総合的に考えると、厳密な意味で「本来のCSR」とは、本業外の社会貢献活動を超えたものであり、企業が自らのビジネスによって環境・社会に及ぼす影響（特にネガティブインパクト）に対する責任である。すなわち、これがCSRの第一義（基本ないし必須）であり、筆者は「第一CSR」と呼ぶ。

これに対して、第一CSRのように必須ではないが、自らが直接の原因者ではないものの、企業が社会や地域全体の抱える課題の解決に向けて本業で製品・サービスや事業の開発などに取り組むことは、企業戦略としての努力ないし挑戦と位置付けられる。これはポーター教授が概念を規定した社会貢献活動を超えるCSVに相当し、筆者は「第二CSR」と呼ぶ。

### ●CSVはCSRに取って代わるものではない

本来のCSRを第一CSR、CSVを第二CSRと考えると、「CSVは広義のCSRである」と言うことができる。しかし、企業がCSVのみに注目してしまうと、企業の意思決定や事業活動の結果に対して社会的責任を果たすという本来のCSRの視点が軽視されかねない。以上のことから、社会貢献活動を超えた本質の異なる2つのCSR、すなわち第一CSRと第二CSRが並立することが容易に理解できよう。

このことを別の観点から見ると、CSRとCSVの関係は、ポーター教授がフィランソロピーをCSRと認識し、CSRを批判して「CSRからCSVへの脱却」と主張するような位置関係にはないことは明らかである。つまり、CSVは「本来のCSR」に取って代わるべきものではない。そこで、次項では社会貢献活動を超えるCSRとCSVの正しい位置関係を提示する。

## (2) CSRとCSVの位置関係
### ●両輪関係にある第一CSRと第二CSR

CSVが登場したことで、「本来のCSR」の姿がより鮮明になった。上述したように、社会貢献活動を超えるCSRには2つの側面がある。第一CSRと第二CSRは本質的に性格が異なるものであり、明確に分けて考えねばならないが、両者は同時に実践すべきものでもある。いずれも「本業」を通じた社会的課題

の解決をめざしており、企業経営の観点からは、それぞれリスクマネジメントとビジネスチャンスの側面を持つ。

それゆえ、第一CSRと第二CSRは、企業のCSR経営にはどちらかが欠けても成り立たないという意味で、車に例えて両輪関係[※40]にあると言うことができる。図表5-1に、本業外の社会貢献活動を超えた第一CSRと第二CSRの位置関係（両輪関係）を示す。

● **必須としての第一CSR**

企業が社会貢献活動を脱して「本来のCSR」へ向かうのが、「必須」の取り組みとして位置付けられる第一CSRである。その意味は、「企業自らが環境・社会に及ぼす影響への責任」である。第一CSRでは、まず自社の意思決定や事業活動が環境や社会に及ぼす悪影響を知る必要がある。悪影響が発見された場合には、その除去・改善・緩和などの対策を行わねばならない。これが、まさに「責任」と呼ばれるゆえんである。

本来のCSRは、自社の意思決定や事業活動が環境や社会に及ぼす影響（特に悪影響）を知ることから始まる。これをデューデリジェンス（Due Diligence）と呼ぶことは既に述べたが、意図的でなくても、自社の業務プロセスやプロダクトが直接的・間接的に社会的課題を発生させていないか、あるいは助長していないかを自ら調べる必要がある。社会的課題には地球レベルと地域レベルがあるが、新興国や途上国だけでなく先進国もそれぞれ固有の構造的問題を抱えていることを認識しなければならない。しかしながら、企業自身が自らの悪影響に気付かないことも多いため、ここで効果的なことは利害関係者の意見や期待に積極的に耳を傾け、自らの判断に生かすステークホルダー・エンゲージメントである。

もし、自社の事業活動による社会的課題への悪影響（その可能性を含む）が発見された場合には、言うまでもなく、その除去・改善・緩和などの対策や処置を行わねばならない。ただし、闇雲に、また全ての問題への対策を同時に行

---

※40 両輪関係ではなく、基盤である「本来のCSR」の上にCSVが存在するという二層構造も考え得る。

5章 第一CSRと第二CSRを提唱する

## 図表5-1：第一CSRと第二CSRの両輪関係

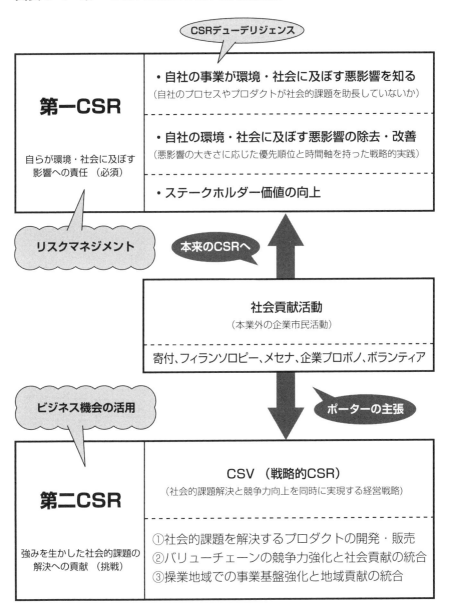

（資料）筆者作成

うことはできない。そこで、発見された悪影響の程度に応じて経営判断として優先順位を決め、短期・中期・長期の時間軸に沿って戦略的に対応策を決定する必要がある。そのうえで、関係するステークホルダーに適宜情報開示することになる。なお、誤解なきよう申し上げておくと、第一CSRはマイナスの影響の最小化だけでなく、同時にプラスの影響の最大化を図ることも意味する。そうすることで、ステークホルダー価値を高めることができ、それが企業の信頼性やブランドの向上につながるのである。

　それから、第一CSRがリスクマネジメントの側面を持つと述べたが、それは次のような理由からである。本来のCSRとして自社の悪影響を除去・改善・緩和を行わなかった場合（法令違反・倫理違反は当然ながら）、その企業は社会や市場あるいはステークホルダーから非難を受け、高い代償を払うことになる。とりわけ、グローバル化に伴い日本企業の海外展開が進んでいる中で、最近、日本企業の海外の現地法人や原材料・部品調達先での環境汚染問題や人権・労働問題が顕在化し、サプライチェーン上のトラブルを抱え込む事例が増加していることに留意する必要がある。

### ◉挑戦としての第二CSR

　ポーター教授が大きな価値創造や社会変革ができないとして批判するフィランソロピーに代表される社会貢献活動からのもう一つの"脱却"の方向が、CSVに相当する第二CSRである。第二CSRは第一CSRとは異なり必須ではなく、環境問題や社会問題の解決をビジネスチャンス（事業機会）と捉え、あくまで企業のビジネス上の「挑戦」として位置付けられる。もちろん、企業には第一CSRを基本ないし前提として、第二CSRへの積極的な取り組みに期待するが、ドラッカーの指摘するように、その採否は企業の考え方や能力・強みに依存し、最終的には企業の判断に委ねられる。

　既に4章で述べたように、ポーター教授はCSVの実践を3つのアプローチ（プロダクト、バリューチェーン、事業基盤）で説明している。最初のプロダクト（製品・サービス）のCSVでは、さまざまな環境・社会問題に対応できるイノベーションの創出や新しい市場の発掘をめざす。対象となる社会的課題には、例えば、気候変動の進展、水資源の枯渇、食料資源の不足、生物多様性の

喪失、あるいは世界的な貧困や格差、高齢化や肥満症を含む生活習慣病、逆に栄養失調の拡大などが考えられる。

　次にバリューチェーンのCSVについては、上流側のサプライチェーンの世界的な広がりに伴って、サプライチェーンと地域社会の関係は深まっていることに着目する。そこでサプライチェーン上の環境・社会問題に着目し、地域ごとの生産性や競争力の向上をめざす。下流側のデマンドチェーンも視野に入れてロジスティックルートの最適化を図れば、環境負荷だけでなく輸送コストも削減できる。途上国のサプライヤー育成を通じて、地域の貧困解消とともに原材料の安定調達や効率化が図れる。また、途上国の農村部の女性にマイクロファイナンス（小口金融）と起業家教育を行うことで、彼女たちを商品の販売チャネルとして活用する事例もある。

　3番目の事業基盤のCSVでは、自社の操業地域の事業基盤（人材、都市基盤、サプライヤー、事業慣行、自然資源など）を拡充・強化することにより、地域の発展に貢献できるとともに、企業側の生産性や競争力も強化することができる。最も分かりやすい事例は、ICT企業のICT教育によるICT人材の安定供給と顧客の創造である。これ以外にも、例えば、製薬会社による医療従事者と消費者（患者と市民）への医療知識の教育・普及は、地域社会の健康増進に貢献するだけでなく、自社製品の販売促進にも直接的に関係する。

　なお、日本でCSVを積極的に推進しようとする方々[※41]の論調にはCSV経営あるいはCSVビジネスという言葉があり、本業としての新規事業により社会的課題を解決しようとする意欲がよく理解できる。別の表現をすれば、経営戦略として事業益と公益（地球益）を両立させる開発投資の促進をめざしているとのことである。そして、CSVの実践により、イノベーションの創出、人材と組織の活性化、グローバル化への対応という新しい視座が得られるという。

### (3) 第一CSRと第二CSRの共通点と相違点

　前項では、第一CSRと第二CSRの位置関係とともに、それぞれの特徴を述べた。ここでは、それらの特徴をより際立たせるために、両者の共通点と相違点

---

※41　『CSV経営』(NTT出版刊、2013年) の著者（赤池学、水上武彦）など。

を明確にしておきたい。共通点については、社会的課題に着目し、本業を通じて解決しようとすること、と言えそうである。この「社会的課題」と「本業」は、いずれもCSRとCSVの実践におけるキーワードである。しかし、同じ言葉であっても、その意味するものは大きく異なる（以下、下線は筆者による）。

● 「社会的課題」の捉え方の違い

　社会的課題については、その原因をどこに求めるかで、CSRの実践内容は決定的に違う。第一CSRでは、自社事業とそのバリューチェーン（これまでの表現にならえば、自社の意思決定と事業活動）が社会や環境に及ぼすネガティブインパクトが、解決すべき社会課題である。つまり、本来のCSRでは、自社を社会的課題の直接的・個別的な原因者と位置付ける。それゆえ、自社ビジネスのネガティブインパクトを幅広い視点から自ら"発見"するためには、手法としてデューデリジェンスとステークホルダー・エンゲージメントが必要となる。

　これに対して、第二CSRにおける社会的課題は、自社ビジネスとは個別的・直接的な因果関係にはない社会や地域の全体的な問題・課題を対象とする。つまり、CSVでは、社会全体としての社会的課題の解決をビジネス上のニーズと位置付ける。それを踏まえて、自社の技術やノウハウなどを活用して新規ビジネス、さらには社会イノベーションを創出しようとするものである。

● 「本業」の捉え方の違い

　企業が「本業」と言うとき、一般に無意識ながらも自社のプロダクト（製品・サービス）を指すことが多い。しかし、第一CSRに関わる問題や課題は、現実には顧客・消費者に提供するプロダクトだけでなく、バリューチェーンを含むプロセス（業務遂行過程）で発生することも少なくない。例えば、製造業の場合、プロダクトの問題として故意・過失を問わず自社製品に有害物質が含まれることがある。あるいは製品を使用している人を傷つけることもある。

　他方、プロセスについては、近年の日本では女性従業員が十分に能力発揮できていないことが社会的課題であり、長時間労働を強要するブラック企業も社会問題化している。また、最近報道される機会が増えてきた海外の製造現場での環境汚染や人権・労働問題は、日常業務の中で起きているのである。したが

って、本来のCSRの文脈における「本業」では、自社のステークホルダーを認識して、プロセスとプロダクトの両面での配慮と対応が不可欠である。

これに対し第二CSRにおいては、プロダクト（ビジネスや事業）が主たる関心事である。つまり、CSVは社会的課題を解決できる新しいプロダクトを開発し、いかに自社の利益と競争力に結び付けるかに主眼がある。そのため、自らのプロセスにおけるマイナスインパクトにはあまり関心がないようである。

ただし、ポーター教授の2011年のCSV論文には、「CSVでも法律や倫理基準の順守とともに、事業活動からの害悪の低減を想定する」との記述もあり、プロセスをまったく無視している訳ではない。しかしながら、「事業活動からの害悪」が本来のCSRの対象であるにもかかわらず、それをどのように低減するかについては言及されていない。

### ●第一CSRと第二CSRの本質的な違い

上述した両者の社会的課題と本業の捉え方の違いと関連付けて、第一CSRと第二CSRの本質的な違いを、実践の是非、基本姿勢、社会的課題の発見、経営戦略、利益、最終目標などの論点から比較整理したものが図表5-2である。

ここで特に留意を促したいことが2つある。一つは、CSRの根幹に関わる「実践の是非」の違いである。すなわち、第一CSRは自らの及ぼす影響への責任として当然実践すべきことであり、「必須」である。しかるに、第二CSRを実践するかしないかは経営戦略上の判断として企業に任され、取り組む場合には「挑戦」となる。

もう一つの留意点は、第一CSRにおける「社会的課題の発見」と「マテリアリティの判断」である。バリューチェーンを含む自社ビジネスの及ぼすマイナスのインパクトを発見するには、デューデリジェンスやステークホルダー・エンゲージメントが必要であることは既に述べた。次に大事なことは、このようにして発見された自社の諸課題の中から、どれが最も重要か（いわゆるマテリアリティ）を判断することである。ISO26000（7.3.2）によれば、一般的に重要と考えられる取り組み課題は、法令違反、国際行動規範との不整合、潜在的な人権侵害、不当な労働行為、生命や健康を脅かす労働慣習、あるいは環境汚染などである。

**図表 5-2：第一CSRと第二CSRの本質的な違い**

| 論点 | 第一CSR<br>(本来のCSR) | 第二CSR<br>(CSV) |
|---|---|---|
| 実践の是非 | 影響への責任として必須 | 経営戦略として企業の挑戦 |
| 基本姿勢 | 社会基点(地動説CSR)※<br>⇒社会的課題は"内部"問題 | 企業基点(天動説CSR)※<br>⇒社会的課題は"外部"問題 |
| 本業 | プロセスとプロダクトに配慮 | プロダクトに主たる関心 |
| ステークホルダー | 企業の意思決定と事業活動により影響を受ける個人・団体 | 基本的にビジネスパートナー(状況により、恩恵を受ける人々) |
| 社会的課題の原因 | 自社とバリューチェーン(自社ビジネスの及ぼすネガティブインパクト) | 社会・地域全体(自社ビジネスと直接的な因果関係は薄い) |
| 社会的課題の発見 | デューデリジェンスとステークホルダー・エンゲージメント<br>⇒マテリアリティの判断 | (企業による社会的価値の判定基準) |
| 経営戦略 | 主にリスクマネジメント(ブランド毀損の回避)<br>⇒信頼性の向上 | 主にビジネスチャンス(社会的課題解決による新規事業)⇒イノベーション |
| 利益 | 短期的な利益とは異質 | 利益の最大化に貢献 |
| 最終目標 | サステナビリティ<br>⇒持続可能な社会の実現<br>⇒健全な社会に健全な企業 | 経済価値と競争優位<br>⇒社会と企業が対立しない「新しい資本主義」の確立 |
| 世界的なイニシアチブ | ISO26000、GRI、グローバルコンパクト、OECD「多国籍企業行動指針」、国連「ビジネスと人権に関する指導原則」など | (ポーター教授の提唱) |

※社会基点、企業基点について、詳細は6章にて説明する。
(資料) 筆者作成

## 5.2 CSVへの親和性が高い日本企業？

### (1) CSVとして取り上げられる日本企業の事例
#### ●CSV的な思考回路を持つ日本企業

　従来、企業の利益と社会的課題の解決は、二律背反ないしトレードオフの関係にあると認識されてきた。しかし、CSVでは両者は同時に追求することが可能であるとする。日本企業においては、あえてCSVと呼ばなくても、これまでCSRの一環として環境保全のために環境配慮型の製品・サービスの開発・販売に積極的に取り組み、その結果、世界の最高水準に達している。このことから、日本企業は企業風土としてCSVのコンセプトに対する親和性が高いのではないかと、筆者は考えている。つまり、よくも悪くも、日本企業はCSVに共感しやすいのではないか。いかかであろうか。

　日本企業は製造業を中心に1960年代に国内で甚大な人的・社会的被害をもたらした産業公害を引き起こしたが、その後、公害規制の強化もあって脱硫・脱硝装置など高度な公害防止技術を確立した。また、1980年代の自動車の厳しい排ガス規制への対応だけでなく、近年では電機メーカーや自動車メーカーを中心にエネルギー効率のよい環境配慮型製品を競うように開発している。つまり、CSVの概念が登場する以前から、環境問題への対応を中心に、日本企業はCSV的な思考回路を持っていたと言うことができる。

#### ●CSVの好事例とされる日本企業の取り組み

　実際、最近になって各方面で日本企業のCSVの好事例としてさまざまな取り組みや事業が紹介されており、筆者なりに整理したCSVの3つのアプローチ別の代表的事例を図表5-3に示す。業種も取り組み領域も多岐にわたり、いずれも構造的かつ慢性的な社会的課題の解決に向けて、各社の主力商品・事業の強みやノウハウが生かされている。ただし、その取り組みを実施している企業が、自らCSVと称しているかどうかは別問題である。

## 図表5-3：CSVの好事例とされる日本企業の取り組み

第一アプローチ：プロダクトと市場の見直し

| 食品製造業 | うま味成分を配合した海藻の付きやすい海岸保護用コンクリートブロックの開発 |
|---|---|
| 化学製造業 | 途上国のマラリア予防に殺虫効果のある蚊帳の開発と現地生産販売 |
| 衣料製造販売業 | 途上国での貧困撲滅に向けたTシャツ製造販売のソーシャルビジネス |
| 育児用品製造業 | 育児用品ノウハウを高齢化社会に対応させ、介護・アクティブシニア用品に応用 |
| 飲料製造業 | ノンアルコールやゼロカロリー飲料など飲酒運転、肥満解消の商品開発 |
| 損害保険業 | 地球温暖化の適応策として、タイでかんばつリスク軽減の保険を開発・販売 |

第二アプローチ：バリューチェーンの生産性と競争力の見直し

| 建設機械製造業 | 中国などで地域の起業家を支援し、販売店に育成し販売網整備を促進 |
|---|---|
| 外食産業 | 契約農家からの国産野菜調達による食の安全・安心、農業就労の促進 |
| 衛生用品製造業 | 中東地域において、低価格生理用品を女性だけの工場で生産、ならびに意見の聴取 |

第三アプローチ：操業地域での事業基盤の創出・強化

| 海運業 | 日本国内で不足する船員確保のため、アジアにて船員養成学校を開設・運営 |
|---|---|
| 自動車製造業 | アジア各国で販売促進のため、自動車メンテナンス学校を開設・運営 |

(資料) 諸資料より筆者作成

## (2) 企業にとってCSVはどんな意味を持つのか
### ◉安易には取り組めないCSV

　CSVは企業が競争優位を確立すべく、ビジネス戦略として社会的課題の解決に資する製品・サービスや事業を開発し、経済価値と社会価値を同時に創造しようとするものである。その取り組みに当たっては、社会的課題と自社事業をどのように組み合わせるのか、あるいは自社の強みを社会的課題の解決にどう生かせるのかを検討する必要がある。この見極めが企業にとっては大事であり、CSVに安易に取り組むことはできない。なぜならば、CSVではビジネスとしての収益性や永続性とともに競争力強化が求められるからである。

　CSVの取り組みには、自社の能力や強みの分析が不可欠である。しかし、より重要なことは、グローバル・ローカルの両面から「社会的課題とは何か」を本質的に理解することである。そのうえで、どの社会的課題に自社の強みをどう生かすかを決定することになる。これがなければ、結局は社会的な味付けのある単なるビジネスでしかない。状況によっては"ブルーウォッシュ[※42]"、すなわち、まやかしのCSVとも言われかねない。

　また、CSVを中長期の経営計画に組み込むという考え方もあるが、単一の商品や事業の開発だけでは全社的な経営計画になじまないのではないか。やはり、既存の成功体験に基づく思考方法から抜け出して、自社の主力商品の在り方そのものを変えるほどのインパクトが必要であろう。

### ◉CSVにもチャンス・リスクの両面性

　いずれにせよ、CSVを経営戦略として考える場合、ポジティブな側面（チャンス）とネガティブな側面（リスク）があることを忘れてはならない。ポジティブな側面としてまず挙げられるのは、社内で幅広くCSVの推進力を獲得できる可能性であろう。従来の多義語であったCSRに比べて、CSVは直截的で分かりやすいため、経営層や事業部門の納得や同意が得やすく、新規ビジネスへの期待感もある。CSV事業が成功すれば、社会に対しても大きなプラスの影響を与えることができる。

---

※42 実態がないのに、うわべだけ環境配慮をしているように取り繕う"グリーンウォッシュ"に対比して、CSR関連では"ブルーウォッシュ"と呼ぶことがある。

他方、ネガティブな側面として懸念されるのは、やはりCSV事業に伴うマイナスの影響である。CSVもビジネスである以上、そのプロセスとプロダクトにおいてさまざまな環境的・社会的な問題が出てくる可能性がある。また、CSVだけに注力すると、企業の意思決定や事業活動の結果に対して社会的責任を果たす「本来のCSR」が軽視されかねない。さらに、CSV事業の成功の見通しが立たず途中で撤退した場合には、企業にとっては時間と投資の無駄となる。

### ●求められる社会価値の判断基準

CSVは実施しなくても社会から非難されることはないが、その「経済価値と社会価値を同時に創造する」という考え方自体は企業にとって受け入れやすい。しかし、CSVに取り組もうとする企業の「社会価値」の定義や基準が曖昧なままでは、自己宣言的なCSV事業が本当に社会的課題を解決し、社会価値を生み出しているのかよく分からない。また、CSVの概念を理解できても、CSV事業の意思決定の場では、社会価値よりも経済価値が優先されるかもしれない。

そこで、CSVにおける社会的価値の判断基準や価値創造の優先順位について、社内の合意形成と社外への公表が必要となる。そうすることにより、企業自身による検証・評価、さらに説明責任が可能となる。その際には、本来のCSRの重要な手法であるステークホルダー・エンゲージメントが有効である。

企業が第一CSRである「本来のCSR」を確実にしつつ、第二CSRであるCSVに取り組むことで新たな市場や雇用を創出し、製品やサービスに新しい付加価値を生み出すならば、これこそが社会価値と経済価値の同時創造にほかならない。つまるところ、持続可能なビジネスは持続可能な社会にしか宿らないことを銘記すべきである。

## 5.3 「CSRとCSVに関する原則」の提言

筆者の参加する有志による「CSRとCSVを考える会」は、2014年3月に「CSRとCSVに関する原則」を公表・提言した。その問題意識は「CSRからCSVへ」というかけ声の下、日本企業でそれが文字通りに受け取られて「CSRはもう古い、これからはCSVだ」として、「本来のCSR」が根付く前にビジネス戦略で

あるCSVだけが浸透することに対する懸念である。その背景には、CSV提唱の根拠への違和感とともに、ISO26000に基づいてCSRについて考えたい、考えてほしいという想いがあった。そこで、研究会での議論や問題意識を見える形にして情報発信しようということになり、「原則」を策定するに至ったのである。

別の表現をすれば、国内はもとより特に新興国や途上国の貧困を背景に、人権・労働問題あるいは環境問題や消費者問題などが解決できていない現在、将来に向けてCSVだけで本当に持続可能な地球・地域社会を実現することができるのかという疑念である。もっとストレートに言えば、CSVで人権・労働問題を解決できるのかという問いかけである。

この原則の策定段階において、「CSRは世界の合意事項、CSVは一学説である。それゆえ、それほどCSVを意識する必要はないのではないか」という意見もあった。しかし、CSVは日本企業に対して一定の影響力を持ち始めており、その受容の在り方を看過するのは問題が多いという判断に落ち着いた。以下、少し長くなるが、原則の提言に至る経緯（資料1）と原則の前文と本文（資料2）を示す。

なお、「CSRとCSVに関する原則」のシンポジウムが、2014年の3月と5月にそれぞれ大阪と東京で開催された。また、本原則の英訳はウェブにアップされており、シンポジウムの議論を反映した出版も検討されている。

# 【資料1】
# 「CSRとCSVに関する原則」について

　2014年3月13日、「CSRとCSVに関する原則」が公表されました。このページでは、その背景と経緯を紹介します。「CSRとCSVに関する原則」(PDF) をダウンロードしていただくこともできます。

**【背景と経緯】**

　マイケル・ポーター教授が2011年に提唱したCSV（Creating Shared Value 共有価値の創造）が日本で紹介されてから、「CSRからCSVへ」、「CSR はもう古い、これからはCSV だ」といった論調が見られるようになってきました。CSVそれ自体というよりも、そうした日本でのとり上げられ方と、本来のCSR（企業の社会的責任）への影響に懸念をいだいた企業、NPO／NGO、消費者団体、シンクタンクなど諸セクターの有志により、研究会として「CSRとCSVを考える会」が2013年夏から4回にわたって開催され、議論が積み重ねられました。そのアウトプットとして、ISO26000（社会的責任の手引き）や国連ビジネスと人権に関する指導原則の観点から一定の基準となる考え方がまとめられたものが「CSRとCSVに関する原則」です。

　一般財団法人アジア・太平洋人権情報センター（ヒューライツ大阪）と一般財団法人CSOネットワークは、「CSRとCSVを考える会」での議論で事務局的な役割を担ってきました。

**【発起人】**

「CSRとCSVに関する原則」が提言されるにあたり、「CSRとCSVを考える会」のメンバーに数名の方々が加わって、発起人となっています。

　　　　　　　　　　　　　（発起人20名：個人署名は割愛）

【CSRとCSVに関する原則】

「CSRとCSVに関する原則」はこちらからダウンロードできます。

http://www.csonj.org/activity2/sr

http://www.hurights.or.jp/japan/news/2014/03/csrcsv.html

2014年3月13日

一般財団法人 アジア・太平洋人権情報センター

（ヒューライツ大阪）

一般財団法人 CSOネットワーク

# 【資料２】
# 「CSRとCSVに関する原則」の提言
### ～ISO26000の視点から～

#### 前文（問題意識）

◆CSRの現在

　2003年の「CSR元年」から10年。この間、日本のCSRは一定の実績を積み重ね、大企業ではCSRに取り組むことが当たり前になってきました。最近では、多くの企業がISO26000（社会的責任の手引き）の考え方を取り入れ、次第に浸透しつつあると思われます。

　ISO26000は、国際的なマルチステークホルダー・プロセスのもと、持続可能な社会の実現に向けて企業をはじめとするあらゆる組織が取り組むべき行動基準を示すとともに、その際に前提となる「企業と社会の関係」のあり方についても示しています。私たちは、その考え方や哲学をきわめて重要なものと受け止めています。

　他方、ISO26000の発行後３年を経て、欧州連合の新CSR戦略、GRI・Ｇ４の発行、統合報告の流れなど、世界的なCSRをめぐる新しい動きが出てきています。また、これらの動きに関連しながら、国連の「ビジネスと人権に関する指導原則」を中心として、これまでになく人権に対する企業の責任への関心も高まっています。

◆CSVの受容のあり方とCSRの本質

　こうした中、ハーバード大学のマイケル・ポーター教授は、CSV（共有価値の創造）を提唱しています。CSVは、ビジネス戦略として社会的課題の解決に資するとされる製品・サービスや事業を開発し、経済的価値とともに社会的価値を創造しようとするものです。社会的課題の解決を志向する私たちは、このような

CSVの意義を理解しつつ、CSVが「企業と社会の関係」の一つとして、持続可能な社会の実現に向けた新しい価値創造に貢献することを期待するものです。

しかし私たちは、日本でのCSVの受容のあり方に対しては、ある憂慮を禁じ得ません。「CSRからCSVへ」というかけ声が、文字どおりに受け取られて「CSRはもう古い」「CSRは終わった、これからはCSVだ」というイメージとともに日本社会に広がるとすれば、それは果たして望ましいことでしょうか。

ISO26000を始めとする各種の国際的な合意に基づけば、CSRは、持続可能な社会の実現のため、企業の意思決定や事業活動が社会や環境に及ぼす影響を考慮し、マイナスの影響があれば、それを予防ないし改善することで社会的責任を果たそうとするものです。その責任を果たしてこそ、企業は社会から信頼を得ることができます。その際、考慮すべき影響はバリューチェーンを含む事業活動のあらゆる面に及び、CSRは企業活動全体に「統合」されている必要があります。

これに対して、<u>CSVはビジネス上の競争戦略と位置づけられます</u>。したがって、CSVに取り組む際にも、他の事業活動と同様に<u>CSRは不可欠であり、社会や環境に及ぼす影響を考慮する必要があります</u>。

◆CSRの未来

地球社会の持続可能性が危ぶまれる中で、このようなCSRは、これまでも、そしてこれからも世界共通の課題であり、日本企業にとっても、CSVへの取り組みの有無にかかわらず、なお実践されるべき課題であり続けます。

それゆえ、CSVをめぐるさまざまな動きのある現在、私たちは、CSVの受容に関して憂慮を示すだけでなく、今後のCSRについても基本的な考え方を確認するとともに、改めて社会全体で共有する必要性を感じています。

このようにCSRのあるべき姿を考える中で、私たちは、属するセクターのちがいを超えて、山積する社会的課題をともに解決する道を探るために、以下のように「CSRとCSVに関する原則」を提言するものです。

## CSRとCSVに関する原則

### 1. CSRは企業のあらゆる事業活動において不可欠です。
　CSRは、持続可能な社会の実現のため、企業の意思決定や事業活動が社会や環境に及ぼす影響に配慮し、マイナスの影響があれば、それを予防ないし改善することで社会的責任を果たそうとするものです。ISO26000をはじめ世界的なイニシアチブで明記される「社会への影響（impacts）に対する責任」は、企業のあらゆる事業プロセスとプロダクトにおいて不可欠なものです。

### 2. CSVはCSRの代替とはなりません。
　社会的課題の解決と企業競争力の強化を同時に実現しようとするCSVは、ビジネス上の競争戦略の一手法です。CSRとは元来位置づけの異なるCSVは、CSRに取って代わるものではなく、CSVに取り組んでいれば企業の社会的責任（CSR）が免れるわけでもありません。CSVに取り組んでいてもいなくても、CSRがあらゆる事業活動において不可欠であることに変わりはありません。

### 3. CSVはCSRを前提として進められるべきです。
　「社会への影響（impacts）に対する責任」は、ビジネス戦略であるCSVにおいても求められ、その事業プロセスとプロダクトの社会的公正と社会にとっての持続可能性が検証・評価されるべきです。社会的責任の原則（説明責任、透明性、倫理的な行動、ステークホルダーの利害の尊重、法の支配の尊重、国際行動規範の尊重、人権の尊重）に従うことは、CSVにおいても同様です。

## 4. CSVが創り出そうとする「社会的価値」の検証と評価が必要です。

　<u>企業がCSVを通じて創り出そうとする「社会的価値」が、社会的課題を真に解決するものとなっているのか</u>、CSRにおけると同様に、企業自身による不断の検証・評価とアカウンタビリティ（説明し責任をとること）が必要です。その際には、CSRの重要な要素であるステークホルダー・エンゲージメントと、CSVが実施される現場の実情への最大限の配慮が不可欠です。

2014年３月13日

（資料）一般財団法人 CSOネットワークホームページより

（注）下線は筆者による。

# 第3編
# いかに本来のCSRを経営に落とし込むか

　第1編ではグローバル時代にあって岐路に立つ日本のCSRの現状を分析し、第2編では世界の動きを背景に「本来のCSR」の姿を明らかにした。それでは、いかにして従来の日本型CSRとは本質的に異なる「本来のCSR経営」を確立すべきであろうか。

　まずは、企業の視点から社会を見る「企業基点のCSR」から脱して、社会の視点から企業を見る「社会基点のCSR」への発想の転換が不可欠である。つまり、社会的課題と自社事業の関連性に着目して"自社の重要なCSR課題"（これをマテリアリティと呼ぶ）を明らかにし、それに取り組むのが「本来のCSR経営」である。

　そのためには、解決すべき社会的課題を理解する必要がある。ところが、最近、日本企業の海外展開において、この社会的課題が逆にビジネス・インパクトを与えるようになってきた。このようなCSRリスクを回避し、ビジネスチャンスに変えるためには、「本来のCSR」を経営に落とし込まねばならない。

　そこで第3編では、まず従来の日本型CSRの発想とは異なる、社会的課題から考える「本来のCSR経営」への転換の必要性を述べる。併せて、解決すべき社会的課題を明らかにする。そのうえで、「本来のCSR」を経営に落とし込む手順と方法について、グッドプラクティスを紹介しながら解説する。

# 6章
# 社会的課題から考える本来のCSR経営

## 6.1 「企業基点」では見えない「本来のCSR経営」

### (1)「企業基点のCSR」と「社会基点のCSR」
●企業基点のCSR

　日本型CSRの"DNA"とも言うべきものがある。1章1.3節で述べたように、それは日本企業の思考回路の中に組み込まれているCSRについての無意識の発想であり、法令順守、社会貢献、環境対応、そして"目に見える"ステークホルダーの4要素からなる。

　この日本型CSRの"DNA"は、1960年代から1990年代にかけて国内で独自に形成されたものである。その根底には、不正行為や利益至上主義への批判に対する自己規律があり、そのために企業不祥事を起こさぬよう倫理観を高め、法令順守を徹底して、社会貢献に努める。つまり、内向性が強く、社会や環境はあくまでも自社事業の"客体"としての位置付けである。これを企業の存続可能性から社会を見る「企業基点のCSR」と呼ぶことにする。

●社会基点のCSR

　2000年代に入って、日本企業のCSR経営の新たな模索が始まった。2010年にISO26000が発行されると、日本企業はそれまでCSRとは考えていなかった人権・労働問題や企業統治が世界標準であることが分かってきた。

　長年にわたる国際的議論を経て合意されたISO26000は、CSRの基本概念と

ともに実践領域と実践課題を明示したからである。CSRの定義は、持続可能な発展のための「企業の意思決定と事業活動が社会と環境に及ぼす影響に対する企業の責任」に統一された。同様の観点から、前後してCSR報告書の世界的な報告ガイドラインであるGRIが第4版に改定された。

これらにより、持続可能な社会や環境の実現に本業を通じて貢献するために、自社のプロセスとプロダクトを通じた社会的課題の解決が企業に強く求められるようになった（コラム11参照）。これが社会の持続可能性から企業を見る「社会基点のCSR」であるが、多くの日本企業にとっては、まだ実感しにくい発想である。

## (2)「天動説CSR」から「地動説CSR」への大転換
### ◉天動説CSRと地動説CSR

5章5.1節で第一CSR（本来のCSR）と第二CSR（CSV）の本質的な違いを説明する際に、それぞれの基本姿勢を「地動説CSR」と「天動説CSR」と表現した（図表5-2参照）。いずれも筆者の造語であるが、前者が社会基点、後者が企業基点に対応する。どちらの基点に立つかで、CSRは大きく変わる。両者のイメージを図表6-1に示す。

企業基点の天動説CSRは、"企業を取り巻くステークホルダー"を説明するのによく使われるイメージである。これは確かに分かりやすいのだが、無意識に企業が中心にあって、周りに配置される"目に見える"ステークホルダーとの関係の中で事業活動が進むと錯覚してしまう。したがって、天動説CSRでは自社の存続性という発想が強く、自らが社会的課題の原因者とは考えない。

これに対して、社会基点の地動説CSRでは、企業は社会の広範なネットワークの一部を構成し、共通理念である「持続可能な社会の実現」に貢献するべく、自らが原因となるさまざまな社会的課題を本業のプロセスとプロダクトを通じて解決しようとするものである。直接的な関係者だけがステークホルダーではなく、間接的なステークホルダーにも配慮する。したがって、地動説CSRでは社会的課題から"目に見えない"自らのCSRを発想し、その解決に向けて自社の行うべきことを考える。

図表 6-1：天動説 CSR と地動説 CSR のイメージ

【企業基点（天動説 CSR）】

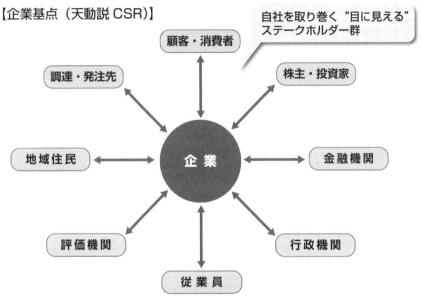

【社会基点（地動説 CSR）】

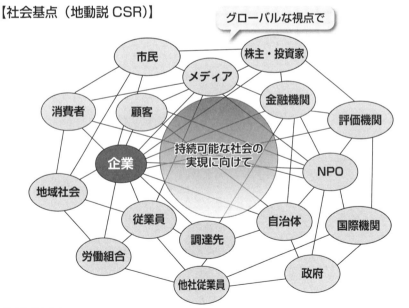

（資料）筆者作成

## ●求められるコペルニクス的転回

　日本型CSRは企業基点すなわち天動説CSRである。天体運行に関して、長く欧州宗教界の定説であった「地球中心説（天動説）」に対して「太陽中心説（地動説）」を唱えた天文学者コペルニクスにならえば、日本企業のCSRは天動説から地動説への180度の大転換、すなわち企業基点から社会基点へのコペルニクス的転回が必要である。

　中長期的に見れば、日本企業は好むと好まざるとにかかわらず、新興国や途上国を中心に海外事業を展開することになる。海外事業とは日本と異なる価値観や文化の中でビジネスを行うことであり、想定外のリスクを抱え込んでしまう可能性がある。一方、経済のグローバル化がますます進展する中で、新興国や途上国の貧困や格差を背景とする人権・労働問題の存在は世界全体の安定と持続可能性を危うくする。場合によっては、企業活動がそれを助長していることがある。

　日本企業が日本型CSRのままで海外展開すれば、それ自体が自社の現地法人やサプライチェーンにおけるリスク促進要因となる（3章3.2節参照）。それゆえ、グローバル時代にあっては日本型CSRの"DNA"から脱却し、「本来のCSR」を経営に落とし込むためには、天動説CSRから地動説CSRへの大転換が不可欠であることは明らかである（図表6-2参照）。

### 図表6-2：天動説CSRから地動説CSRへ転換すべき日本のCSR

（資料）筆者作成

### コラム11　ビジネスの前提条件：Social License to Operate

　海外の大型開発プロジェクトの開始に当たって、企業は現地政府や地元行政機関から開発許可や操業許可を取得する。しかし、これだけでは不十分で、地域社会との軋轢(あつれき)を生み社会問題に発展することがある。ときには国際世論からも批判を受け、操業停止に追い込まれるケースもある。

　それを防止するには、プロジェクトの計画段階から、ステークホルダー・エンゲージメントにより現地の社会・環境に及ぼすマイナスの影響（impacts）を調査分析し、その最小化に向けた努力が必要である。操業開始後も地域社会やNGOなどからの事業への理解が重要となっている。

　このことは鉱物や石炭・石油などの資源採掘産業で顕著であり、先住民族の生活や生態系の破壊、水質汚濁、水資源不足などの問題と関連する。そこで、現地の事情や歴史・文化・宗教などを十分に理解し、長期的視点から雇用創出や教育支援などプラスの影響（貢献）を拡大することで、地域社会との良好な関係を維持することが可能となる。

　このような案件では、Social License to Operate（社会からの操業許可）がなければ、事業は行えないというのが世界の常識となりつつある。今後、他の業種にも広がる可能性が高い（6章6.3節参照）。

### コラム12　「社会基点」の始祖は木川田一隆？

　木川田一隆という人をご存じだろうか。1950年代から1960年代にかけて東京電力社長や経済同友会代表幹事を務めた企業経営者である。東京電力の"中興の祖"とも言われるが、日本の高度経済成長期に「企業の社会的責任」を唱導した哲人的財界人として知られる。

　倫理観や人間尊重に基づく人格主義をベースに産業界を主導し、当時の厳しい現実の中で理想の実現のために努力を続け、米国では

国を想う志のある財界人を意味する「Business Statesman」と称えられた。1970年には『日本経済新聞』の「私の履歴書」を執筆している。

「企業は利潤拡大に最大限の努力をすべし」という当時の経済界論調の中で、彼は「企業を原点に社会を見る態度から、社会に原点を置いて企業のあり方を考えるべき」と主張した。これは『社会基点』そのものである。

なお、事実だけ記しておくと、彼は当初反対していた原発を出身地福島に初めて建設することを決断した。また、公害問題解決のために、火力発電所の燃料に当時割高のLNGの導入に踏み切ったが、電気料金の値上げに際して、政治献金の廃止を決断し、官僚の天下りも拒否した。

## (3)社会的課題から見るCSRのパラダイムシフト
### ◉社会的課題と自社事業の関連性に着目する「本来のCSR」

天動説CSRから地動説CSRへの大転換とは、CSRにおける「企業基点アプローチ」から「社会基点アプローチ」への転換であり、社会と企業の関係の認識についてのパラダイムシフトにほかならない。つまり、<u>CSRの文脈において、社会的課題と自社事業の関連性を考えるとき、自社事業ありきで社会的課題を"外部の問題"として見るのが企業基点アプローチ（日本型CSR）である。これに対し、社会的課題を自社事業に"内在する問題"として見直すのが社会基点アプローチ（本来のCSR）である</u>（図表6-3参照）。（下線は筆者による）

### ◉企業基点アプローチ（天動説CSR）の限界

企業基点アプローチ（天動説CSR）では、自社の事業活動と社会的課題の関連付けが曖昧である。つまり、自社事業が社会にさまざまな影響を及ぼし、社会的課題の原因となっているかもしれないという意識が希薄なのである。そのため、CSRの対象となる社会的課題として、判断基準がないまま何に取り組んでいけばよいのか判断に悩む。

**図表6-3:企業基点から社会基点へのCSRパラダイムシフト**

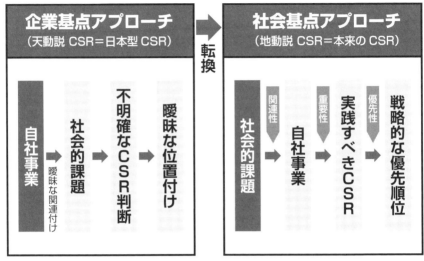

(資料)筆者作成

　そこで、CSRとして、環境問題を除けば、企業倫理や法令順守の体制整備、"目に見える"ステークホルダーの満足度向上、あるいは本業と直接関係のない社会貢献活動を取り上げることになる。海外現地法人やサプライチェーンまではなかなか視野が広がらない。

### ●社会基点アプローチ(地動説CSR)への展開
　これに対して、社会基点アプローチ(地動説CSR)は、「本来のCSR」を経営に落とし込む方法論そのものであり、自社の本業(プロセスとプロダクト)をいったん棚上げして、まず社会的課題を広く理解する。
　そのうえで国内外の社会的課題と自社事業との関連付けを行い、その中でCSRとしてマテリアリティ(いわゆる重要性)の高い事項を自ら特定し、さらにCSR経営における優先順位を戦略的に判断する。この一連の作業の詳細は7章にて述べる。

> **コラム13** 日本企業における社会的課題の認識向上

　日本の大企業の経営者の9割以上が、「企業は社会的課題の解決に向けて、主体的に役割を果たすべきである」と考えており、その割合は増加傾向にある。

　その考え方に基づき、実際に社会的課題に取り組んでいる割合も増えており、6割近くとなっている。社会的課題に対する経営者の意識は着実に変化していることを示す。

|  | 社会課題解決の主体的役割を果たすべきで、取り組んでいる | 社会課題解決の主体的役割を果たすべきだが、取り組んでいない | 経済的価値の最大化に専念すべきで、期待されても難しい |
|---|---|---|---|
| 2010年 | 44% | 42%（86%） | 8% |
| 2014年 | 58% | 34%（92%） | 3% |
| 増減 | +14ポイント | −8ポイント | −5ポイント |

(注）表中（　）内の%は、社会課題解決に肯定的な割合の合計値。
(資料）経済同友会「日本企業のCSR―自己評価レポート2014」を基に筆者作成

## 6.2　解決すべき社会的課題の明確化

### (1)そもそも社会的課題とは何か
#### ●持続可能な社会の実現を阻害するもの

　社会的課題とは、ある社会が持つ構造的かつ慢性的な問題である。前節でこう述べたが、実は、社会的課題のテーマは幅広く、その定義や説明にもさまざまなものがある。ただし、その対象範囲や解決すべき主体に違いはあっても、いずれにも共通することは、持続可能な社会や環境の実現を阻害する社会全体に関わる問題である。別の表現をすれば、現在の世代で解決できなければ、将来世代がより多くの代償を支払うことになる問題である。

　それでは、"CSRの文脈"における社会的課題とは何か。直感的には人口爆発、気候変動、途上国の人権・貧困問題、先進国で進む高齢化、あるいは先進国と

途上国では質が異なるものの女性の社会的地位向上などが思い浮かぶ。ビジネスとしてCSVの視点から、広範な社会的課題を構造的に捉えようとする試み[※43]もある。しかし、社会的課題を体系的ないし一義的に整理することはなかなか難しい[※44]。

そこで、まず地球レベルと地域レベルに分けて考えてみよう（図表6-4参照）。地球レベルの社会的課題とは、社会的課題のボーダレス化でもあり、人類の持続可能性を脅かす共通課題で、地球環境と地球社会の持続可能性に分けられる。同時に、新興国や途上国に限らず先進国にも、それぞれの歴史・宗教・文化などを背景に、持続可能な発展を阻害するさまざまな地域レベルの固有の社会的課題がある。

### 図表6-4：地球レベルと地域レベルの主な社会的課題

**地球レベルの社会的課題**
- **地球環境**：地球環境・生態系の劣化、地球資源の不公正な配分と利用
- **地球社会**：人口増大、新興国・途上国の貧困・人権問題、南北間格差

先進国にもある社会的課題

**地域レベルの社会的課題**
- **米国社会**：マイノリティー問題、雇用の多様性、貧困地域の社会開発
- **欧州社会**：失業問題（雇用安定）、就業能力の向上、EUの社会的融合
- **日本社会**：少子・高齢化、仕事と生活の調和、雇用の多様性、介護
- **アジア社会**：歴史・政治に基づく固有の社会問題、特に人権・労働・雇用

(資料) 川村雅彦「CSR経営で何をめざすのか？」『ニッセイ基礎研所報Vol.41』2006年

---

※43 藤井剛著『CSV時代のイノベーション戦略』（ファーストプレス刊、2014年）では、CSVの新市場を発掘する源泉として社会的課題を見る6軸を提示した。つまり、新たな科学技術、情報の創造・活用・流通・保護、政治経済面での国際協調、人口動態と人口構成、経済・金融機能の進化、天然資源の枯渇・ダメージ。
※44 東京財団のCSR研究プロジェクトのレポート「企業調査を始めます：社会的課題へのインパクトから見た日本のCSR」（2013年7月）においても同様の指摘がある。

## (2) 地球レベルの社会的課題
### ●代表的な国際フレームワークやイニシアチブ

　地球レベルの社会的課題については、近年の経済のグローバル化や貿易の自由化を背景として、世界的な気候変動（地球温暖化）や環境劣化、あるいは貧富の差の拡大や雇用・労働における人権問題などに対して、世界中から強い懸念が表明されている。その解決に向けて、国際機関、国際的な組織やNPOなどから国際フレームワークないしイニシアチブ（法的拘束力はない）がいくつか公表されている。

　ここで、日本企業にも影響がある代表的なものの概要を確認しておきたい（ISO26000とGRIを除く）。

### ✓ 国連ミレニアム開発目標（MDGs）：2000年策定

サプライチェーンのグローバル化を背景に、2015年を目標年として解決すべき世界の社会的課題の8目標を設定。ポストMDGs（SDGs）を検討中。

| | |
|---|---|
| 目標1：極度の貧困と飢餓の撲滅 | 目標5：妊産婦の健康増進 |
| 目標2：初等教育の完全普及 | 目標6：HIV/エイズなどの蔓延防止 |
| 目標3：男女平等の推進 | 目標7：安全な飲料水などの確保 |
| 目標4：乳幼児死亡率の削減 | 目標8：パートナーシップの推進 |

### ✓ OECD多国籍企業行動指針：1976年策定、2011年改定

多国籍企業が責任ある行動を自主的に取り組めるように策定。2011年改定で人権とデューデリジェンス（Due diligence）を新たに導入。

| | | |
|---|---|---|
| Ⅰ．定義と原則 | Ⅴ．雇用および労使関係 | Ⅸ．科学および技術 |
| Ⅱ．一般方針 | Ⅵ．環境 | Ⅹ．競争 |
| Ⅲ．情報開示 | Ⅶ．贈収賄の防止 | Ⅺ．納税 |
| Ⅳ．人権 | Ⅷ．消費者利益 | |

✓ **国連グローバル・コンパクト（UNGC）：2000年策定、2004年改定**
責任ある企業が行動基準とすべき社会課題として提起された4分野・10原則。

| | |
|---|---|
| **人権**<br>原則1：人権尊重の支持と尊重<br>原則2：人権侵害への非加担<br><br>**労働**<br>原則3：組合結成と団体交渉権<br>原則4：強制労働の撲滅<br>原則5：児童労働の排除<br>原則6：雇用と職業の差別撤廃 | **環境**<br>原則7：環境問題の予防的措置<br>原則8：環境イニシアチブ<br>原則9：環境技術の開発と普及<br><br>**腐敗防止**<br>原則10：強要・賄賂の腐敗防止 |

✓ **国連ビジネスと人権に関する指導原則：2011年策定**
2008年の国連人権理事会にて報告された「ラギー・フレームワーク」に基づき、同理事会で承認された31原則。

> Ⅰ. **人権を保護する国家の義務**（Protect）
>   A：基盤となる原則（原則1～2）
>   B：運用上の原則（原則3～10）
> Ⅱ. **人権を尊重する企業の責任**（Respect）
>   A：基盤となる原則（原則11～15）
>   B：運用上の原則　・方針によるコミットメント（原則16）
> 　　　　　　　　　・人権デューデリジェンス（原則17～21）
> 　　　　　　　　　・是正、状況の把握（原則22～24）
> Ⅲ. **救済へのアクセス**（Remedy）
>   A：基盤となる原則（原則25）
>   B：運用上の原則（原則26～31）

（資料）筆者作成

　上記の各国際フレームワークやイニシアチブに見られるように、地球レベルの社会的課題は、現実問題としては新興国や途上国での事業や操業に関連するものが多いが、その目的により3分類できる（図表6-5参照）。
・社会的課題の解決に向けた達成目標：MDGs
・社会的課題の解決に向けた行動規範：OECD、UNGC、ISO26000、指導原則
・社会的課題の解決に向けた報告指針：GRIガイドライン・G4

### 図表6-5：社会的課題の解決に向けた国際フレームワーク

| 社会的課題 分野 | 達成目標 MDGs | 行動指針 OECD | 行動原則 UNGC | 行動手引 ISO26000 | 報告指針 GRI・G4 |
|---|---|---|---|---|---|
| 貧困、飢餓 | ○ | | | △ | |
| 子どもの貧困 | ○ | | △ | △ | △ |
| 女性の地位向上 | ○ | | △ | △ | △ |
| 乳幼児・妊産婦 | ○ | | | | |
| 重大疾病蔓延 | ○ | | | | |
| 公衆・生活衛生 | ○ | | | △ | |
| 人権 | | ○ | ○ | ○ | ○ |
| 雇用・労働 | | ○ | ○ | ○ | ○ |
| 環境 | | ○ | ○ | ○ | ○ |
| 消費者利益 | | ○ | | ○ | ○ |
| 地域の発展 ※1 | | | | ○ | ○ |
| 事業慣行 ※2 | | ○ | ○ | ○ | ○ |
| 納税 | | ○ | | | |

※1 地域伝統文化の尊重・保全を含む
※2 汚職防止、公正競争、法令順守、適正な政治的関与など
(注) ○は該当、△は関連、空欄は非該当を示す。
(資料) 筆者作成

### ●地球環境と地球社会の持続可能性にかかわる課題

　各国際フレームワークに示される解決すべき社会的課題の内容については、それぞれの目的に応じて少しずつ異なるが、地球環境と地球社会の持続可能性に関わる課題が浮かび上がってくる。

　地球環境の課題では、ボーダレス問題として気候変動（地球温暖化）、資源循環・再資源化、生態系保全（生物多様性）、あるいは土壌劣化防止、持続可能な農林水産業などがある。他方、新興国や途上国では都市インフラ整備や環境汚染と関連しつつ公衆衛生や生活環境の視点から、水資源確保や安全な飲料水や衛生設備の整備（水ストレス）などが挙げられる。

　地球社会の課題については、途上国などの人口増大を背景に貧困・飢餓、人権侵害、雇用・労働の差別、女性の地位向上、消費者利益、地域の発展（地域の伝統文化の尊重を含む）、さらに事業慣行（法令順守とともに汚職防止、公正競争など）がある。また、操業国・地域の公共政策への貢献という視点から、現地納税も課題となり得る。

これらの地球レベルの課題解決に向けた取り組みが、CSRとして直接的に期待されるのは、海外現地法人などによりグローバルに事業展開する企業である。しかし、海外から原材料・部品の調達あるいは海外へのサービスの発注に伴うサプライチェーンのさまざまな間接的な影響も忘れてはならない。今後、ますますその影響が顕在化することが予想され、対応を間違えれば、課題の解決ではなく、逆に問題を助長することにもなり、むしろCSRリスクの要因となる（3章3.2節参照）。

>  **コラム14**　ISO26000のOECD多国籍企業行動指針への影響
> 
> 　2011年5月に5回目として改訂されたOECD多国籍企業行動指針は、前年に公表されたISO26000の影響を色濃く受けている。具体的には、CSR概念の導入、人権とデューデリジェンスの追加である。
> 　この行動指針は、政府から多国籍企業（2国以上において設立される会社や事業体）に対する勧告であり、<u>責任ある企業行動（Responsible Business Conduct）</u>のための原則・基準として定められている。
> 　期待される多国籍企業の責任として、次のようにISO26000の定義を採用した。
> ①経済・環境・社会の発展に積極的に貢献する。
> ②事業活動から生じる「悪影響（Adverse Impacts）」を回避し、もし悪影響が生じた場合には、これに対処する。
> 
> 　特に、「悪影響に対する責任」については、その関与の程度に応じた対処も示された。特に悪影響を直接的に引き起こしている連結子会社の場合、あるいはサプライチェーンにおいて間接的に悪影響の一因となっている場合などを想定している。

## (3) 地域レベルの社会的課題

　世界共通の社会的課題と同時に、世界の国や地域には、それぞれ独自の歴史・

宗教・文化などを背景として、健全な発展を阻害するさまざまな社会的課題がある。それは新興国や途上国に限らず先進国にも存在する。基本的にはそれぞれ各国政府が取り組むべきことではあるが、そこで操業する企業も解決に向けて貢献することは十分に可能であり、社会からも期待されている。一方で、それを無視したり、気付かなかった場合、そこには社会的な経営リスクが潜んでいる。

最近では新興国や途上国の社会的課題や企業の対応が話題になっているが、先進諸国といえども、そこで事業を展開する日本企業にとって異文化の中でのビジネスには変わりなく、今後は社会的課題により一層注意を払うべきである。かつて日本のある自動車メーカーが米国の工場でセクハラを放置して大問題となり、それを発端にその後さまざまな経営問題を引き起こした。当時、セクハラは米国では既に深刻な社会問題であったが、日本ではそれほど重要視されていなかったため、経営陣が日本的基準で判断した結果、問題を大きくしてしまったのである。

ここで、欧米と日本の社会に特有の社会的課題について、それぞれあらためて確認しておきたい。概要は以下の通りである。

### ●米国の社会的課題

多民族国家である米国ではマイノリティー問題を背景に貧富の差が歴然と存在することから、地域コミュニティーの荒廃を防ぎ活性化を促進すべく社会開発・社会投資が強く求められる。具体的には貧困層のための住宅や教育の支援である。雇用・労働における多様性や人権問題、あるいは労働現場でのセクハラもなお重要課題であり、最近では肥満の増加やLGBTと呼ばれる性的マイノリティへの差別も社会問題となっている。

米国で特徴的なフィランソロピーでは、本業とは直接関係ない慈善団体などへの金銭寄付や従業員のボランティア活動が評価される傾向にある。これは地域社会ありきという米国社会の伝統的な考え方に基づくもので、企業市民（Corporate Citizenship）として利益の地域還元の意識が強い。半面、その利益をどのようにして得たか（本業の在り方）については、これまで必ずしも関心は高くはなかったが、近年になって社会的課題への対応が注目されるように

なった。

● **欧州の社会的課題**

　欧州においては、EU（欧州連合）の加盟国拡大に合わせて、域内の経済的融合だけでなく社会的融合と経済的競争力の確保が基本戦略となっている。環境問題も含めて、「リスボン戦略」を採択した2000年のリスボン・EUサミットで初めて首脳陣がCSRを公式に要請し、「より多くのより良い雇用とより強い社会的融合を確保しつつ、持続可能な経済発展を達成する」と明言した。これは、2011年の「新CSR戦略」につながっている（4章4.5節参照）。

　つまり、深刻な若年層の失業問題の解決や雇用確保・就業能力向上を政策的にCSRとして企業に要請したのである。欧州大陸側では歴史的に労働組合が企業経営へ参画していることから、労働者の権利意識は根強い。他方、旧宗主国という立場も考慮して、新興国や途上国の労働・人権問題への関心も高い。

● **日本の社会的課題**

　日本にも固有の社会的課題が山積している。特に過去50年以上にわたり日本の経済成長を支えた社会システムが、新たな時代の潮流に対応できないという制度的な問題が大きい。企業中心・世帯中心の社会システムが、人口減少や少子高齢化あるいは人々の価値観やライフスタイルの多様化という構造変化に対応できずにいるからである。また日本社会は既にモノは充実した成熟社会となり、これからは"心の満足と安心"が実現できる社会が求められている。

　そこで日本における社会的課題を例示的に列挙すると、次の通りである。少子高齢化、過疎化、介護問題、ワーク・ライフ・バランスや長時間労働、メンタルヘルス、ジェンダーや人材ダイバーシティ、所得格差や子どもの貧困、個人情報保護、食の安全、食品廃棄物（フードロス）、エネルギーや食糧の自給率、東日本大震災の復興など。

### (4) 社会的課題の担い手の変化

　これまで見てきた地球レベルあるいは地域レベルの社会的課題は、従来、主に国際機関や政府・行政機関が取り組むべき問題と考えられてきた。しかし、

時代とともに社会的課題が多様化し相互に絡み合うようになり、その解決には行政の取り組みだけでは限界があることが分かってきた。そのため、社会的課題の解決の担い手として、グローバル・ローカルに社会や環境への影響力を強めた企業への要請と期待が高まっている。

ただし、企業も闇雲に取り組むわけにはいかないので、自社の事業特性などを勘案して社会的課題との関連性や重要性を判断し、自社が取り組むべき社会的課題を特定することになる（図表6-3参照）。その際には、企業の独りよがりとならぬようにステークホルダー・エンゲージメントが重要であり、必要に応じて行政機関・NPO・研究者などとも協力・連携することが望まれる。

一方、日本企業の海外展開の進展（特に新興国や途上国における現地法人や現地合弁事業の増加、調達網の拡大・分散、M&Aの加速）により、その意思決定と事業活動が社会や環境に及ぼす影響の範囲が急速に拡大している。既に述べたように、日本の企業風土や商習慣とは大きく異なるフィールドでの事業活動が、日本企業が考えもしなかったさまざまな"想定外"のビジネスインパクトをもたらしている（3章3.2節参照）。これは経営リスクでもあるが、同時にビジネスチャンスでもある。この点については、次節で詳しく述べる。

## 6.3 社会的課題が日本企業に与えるビジネスインパクト

### (1) 社会的課題のビジネスインパクトに気付き始めた日本企業

企業活動のグローバル化が加速的に進展する中で、自社事業が直接・間接に関わるサプライチェーンにおける人権・労働や環境汚染などの社会的課題が、これまで日本企業がほとんど想定していなかったようなビジネスインパクトを与えるようになってきた。

つまり、"日本型CSR"からは考えられないさまざまな責任事象が世界各地で起きていて、「CSRリスク」として対処を誤ると事業そのものの存続や継続を危うくする可能性が出てきたのである。例えば、海外の現地法人や調達先・発注先における人権・労働問題や環境汚染、先住民族居住地における土地利用や生態系破壊、操業地域の水資源や居住環境に関わる問題、紛争地域における鉱物資源の開発問題などが顕在化し、円滑な事業継続が困難になっている。

一方で、これらの問題を自らの経営課題（リスク・チャンスの両面性）として積極的に捉え、サプライチェーン・マネジメント（SCM）の一環として「CSR調達」などの適時適切な対応策を講じることで、社会からの評判の獲得、あるいは市場における競争力強化につなげようとする企業が国内外で登場している。
　以上のことから、今後、日本企業がグローバルな事業活動を通じて価値創造を続けていくためにも、自社事業が関わる社会的課題の解決を"自らのCSR課題"と位置付け、的確に対応することが競争力の源泉になると考えられる。そこで、次に個別の社会的課題の解決に向けた先進的なCSR経営の取り組み事例を見てみよう。

### (2) 社会的課題別に見たCSR経営の先進事例

　ここでは、多くの日本企業が自らのCSRリスクとは考えていないグローバルなサプライチェーンにおける典型的な社会的課題（人権・労働、食品調達、先住民族、紛争鉱物）を取り上げ、それぞれの概況と先進的な企業の取り組みを紹介し、CSR経営の観点から、その示唆するものを探る（3章3.2節参照）。

#### ⅰ）新興国・途上国の人権・労働問題
●人権・労働問題の背景と展開

　最近ではアジアだけでなく中南米やアフリカも含めた新興国や途上国において、日本企業の現地法人・合弁事業が増加し、またサプライチェーンが拡大する中で、企業活動が現地の経済・産業に及ぼす影響が大きくなっている。
　その一方で、労働関連の法令が未整備、法令執行が不十分、あるいは汚職・腐敗によって労働規制の実効性が乏しい国や地域が少なからず存在する。これに対応して、既に述べたようにISO26000をはじめGRI・G4、OECD多国籍企業行動指針、UNGC、さらには国連ビジネスと人権の指導原則などの国際フレームワークが国際的な企業行動規範として策定され、人権尊重や労働者の権利が明記されている。
　1997年にスポーツ用品メーカーであるナイキのベトナムの製造委託先工場での児童労働や低賃金・長時間労働が発覚し、世界に衝撃を与えた。それを告発した米国のNPOは、同社の利益優先・人権軽視体質に対する反対キャンペー

ンや不買運動を唱導した。その結果、ナイキは労働条件や就労環境の改善を約束した。これとは対照的に、ジーンズメーカーの米国リーバイ・ストラウスは、1850年代の創業以来、人権意識が高く、「人権をブランドにした」とまで言われる。

次第に「サプライチェーンはCSRである」という認識が広まる中で、近年、新興国や途上国の部品調達先や製造委託先の労働現場における低賃金、児童労働、強制労働、あるいは劣悪な就労環境などが、NPOや人権活動家、メディアなどから批判されて、日本企業を含む最上流の発注元のブランド企業が対応に苦慮するケースが増えている。場合によっては、操業停止に追い込まれることもある。

最近では世界的に多様なNPO活動やイニシアチブが活発化しており、人権・労働問題への対応が不適切な場合、企業のブランドイメージの低下、労働ストライキや訴訟への発展、売上高の低迷など、企業に対して直接的なマイナスの影響を及ぼすことを理解すべきである。途上国に限らず、人権・労働問題については日本国内の経験や経営感覚で判断してはならない[45]。

## コラム15　Play Fair at the Olympics Campaign

2004年のアテネ・オリンピックのときに、国際ＮＰＯ・労組の連名で、"Play Fair at the Olympics"というキャンペーンが行われた。世界のスポーツウェアメーカー7社とIOC（国際オリンピック委員会）に対し、途上国の製造委託先工場における労働条件の改善などを求めたのである。

従来、メーカー側は、アジアなどのOEM工場で生産されたものを自社ブランドで売るが、工場での労働問題には関与していないと主張してきた。これに対し、キャンペーン側は、これは委託先工場の問題であると同時に、委託元企業にとってはサプライチェーンの

---

[45] 日本の労組の多くはユニオンショップと呼ばれる会社単位であるが、世界的にはまれであり、職種横断的な労組がほとんどである。「結社の自由」など労働問題において、日本企業が誤解しやすいことの一つである。

問題であり、その労働環境には社会的責任があると主張した。

メーカー7社には日本のミズノとアシックスも含まれていたため、両社は法的な観点からも慎重に検討した結果、「サプライチェーンの問題は自らの問題である」との結論に達したという。

### ●人権・労働問題の事例と示唆

ここでは、最近世界的に注目されたサプライチェーンにおける人権・労働問題を2件取り上げる。

一つは、2010年に従業員の自殺が相次いだ中国フォックスコン（アップルの主要製造委託先である台湾ホンハイの中国子会社）の違法労働問題。これはアップルが米国のNPOであるFLA（Fair Labor Association）に依頼した調査で発覚したもので、厳しいセキュリティ体制による肉体的・精神的なストレスが原因と言われている。両社は、残業時間短縮、安全手順の改善、宿舎の改善などで合意した（コラム8参照）。

もう一つは、2013年4月のバングラデシュのラナプラザ・ビル事故。世界のアパレルメーカーの委託先縫製工場の集積する老朽ビルが倒壊し、死者1100人・負傷者2500人を超す大惨事が起きた。委託元企業がコスト削減を強く要求してきた結果、工場建屋の安全基準の不徹底や劣悪な労働環境を強いられたとの批判もあり、事件後に労組の国際組織が「バングラデシュにおける火災予防及び建設物の安全に関する協定」を制定した。これには欧州を中心に関連する主要なアパレル企業が参加している。

CSR調達の全般に言えることだが、世界的には労働集約的な電子業界やアパレル・スポーツ用品業界でCSRへの取り組みが進んでいる（逆に言えば、人権リスクの認識が高い）。例えば、前者ではEICC[※46]、後者ではSACやWFSGI[※47]が先進的である。つまり、業界として国際的にもCSR調達を促進する仕組みが構築されている。そこでは、CSR監査をしっかり実施する半面、サプライヤー

---

※46 EICC（Electronic Industry Citizenship Coalition）の行動規範がある。日本ではJEITA（電子情報技術産業協会）がEICCと連携した「サプライチェーンCSR推進ガイドブック」を策定している。

※47 SAC（Sustainable Apparel Coalition）の評価指標Higg Index、WFSGI（World Federation of the Sporting Goods Industry）の倫理・公正貿易行動規範がある。

の問題意識やマネジメント能力を高めるキャパシティ・ビルディング（能力開発）を支援している。このことは、リスクマネジメントを超えた"持続可能なサプライチェーンの構築"として、日本企業も見習うべきであろう。

ちなみに、日本企業では電子・電機メーカーだけでなく、ミズノやアシックスなどスポーツ用品メーカーも過去の経験[※48]を踏まえて、世界各国にある製造委託先工場を中心にCSR監査に精力的に取り組んでいる。

### コラム16　人権・労働の国際規範に疎い日本企業

人権・労働に関する国際規範について、日本の大企業で自社および国内外グループ（連結）で順守し体制も十分とする割合は4割を超す。しかし、それをサプライチェーン（直接調達先や第一次下請）まで広げると、約2割と半減する。経年変化を見ても、ほとんど進展がない。

世界には児童労働や強制労働など人権侵害が起きやすい国や地域があり、それに対する日本企業の認識と取り組みの水準は高くない。グローバル時代にあって、日本企業の"盲点"ないしリスク要因となってきた。

| 人権・労働の国際規範 | 自社および国内外グループ | | 自社および国内外グループとサプライチェーン | |
|---|---|---|---|---|
| | 順守し、体制も十分 | 順守するも、体制は不十分 | 順守し、体制も十分 | 順守するも、体制は不十分 |
| 2010年 | 44% | 39% | 19% | 44% |
| 2014年 | 44% | 39% | 21% | 43% |
| 増減 | ±0ポイント | ±0ポイント | ＋2ポイント | －1ポイント |

（資料）経済同友会「日本企業のCSR─自己評価レポート2014」を基に筆者作成

### コラム17　アップルの「サプライヤー責任進捗報告書」

アップルは、2007年から毎年、「サプライヤー責任進捗報告書」

---

[※48] バングラデシュのラナプラザ・ビル事故の翌月には、アシックスのカンボジアにある靴の生産委託先工場（台湾企業所有）で天井が崩落し、死傷者が出た。

を公表している。同社の「サプライヤー行動規範」に基づき、進捗ならびにCSR監査の結果を定量的かつ詳細にウェブ上で公開している。

報告項目は、従業員の支援と教育、労働者の権利と人権（差別禁止、公正な処遇、強制労働禁止、未成年従業員、労働時間、結社の自由など）、健康と安全、環境、説明責任（監査）である。

監査対象のサプライヤーは年々増加し、2013年は451社となった。監査は同社の専門担当者による"第二者監査"である。監査内容とともに、監査結果として「重大な違反と是正措置」も記載されている。同社は取引条件となる「サプライヤー責任基準」を2014年初めて公開したが、中国の環境NPOから厳しいキャンペーンを受けて、2012年から日本企業を含む一次サプライヤーをすべて公表している。

## ⅱ）食品調達のトレーサビリティとサステナビリティ
### ●食品サプライチェーン問題の背景と展開

近年、食品の原材料だけでなく加工食品のサプライチェーンがグローバルに拡大する中で、「食の安全」への信頼性が揺らいでいる。消費者団体をはじめNPOなどのさまざまな組織が、食品の安全性はもとより、原材料生産地や残留農薬、あるいは製造や加工などに関する正確な情報開示を求めている。

それを受けて食品関連企業では、食品の原材料採取から製造・加工や流通を経て最終製品が消費者へ届くまでの多様化・複雑化するサプライチェーンにおけるトレーサビリティ（流通履歴の追跡可能性＝情報の収集・記録・保管）の仕組みをいかに確立するかが大きな課題となっている。食の安全に関する国際規格には、国際食品規格（通称コーデックス規格）やHACCP（食品の製造工程における品質管理システム）などがある。

一方、この食の安全性問題とは別に、パームオイルやカカオなどの生産地における森林破壊や環境汚染、児童労働などについて、NPOなどが「倫理的かつ持続可能な調達」の観点から、食品の最終製品を扱うブランド企業に対して購入中止キャンペーンを行っている。企業側が対応を誤れば、消費者の不買運動や販売先との取引停止に至ることもある。

このような動きを反映して、持続可能な方法で生産された原材料に対する国際的な認証制度の整備が進んでいる。例えば、MSC（海洋管理協議会）による「漁業認証」と「水産物エコラベル制度」、RSPO（持続可能なパーム油のための円卓会議）によるパームオイル生産の「農園認証」と「サプライチェーン認証」などがある。また、FLO（国際フェアトレードラベル機構）は、途上国の原材料や製品の適正な価格での購入を通じて、生産者や労働者の生活改善と自立を支援するために、「フェアトレード認証」を行っている。

### ●食品サプライチェーン問題の事例と示唆

「食の安全」について、2014年の事件では、中国上海の食品会社による期限切れ鶏肉入りの加工食品問題が発覚し、日本の外食産業やスーパー・コンビニ業界の一部では販売中止に追い込まれた。一事が万事の感もあるが、ある国際NPOは従来から中国産の生野菜や果物の残留農薬を警告しており、大手小売業者に対して商品の撤去と管理体制の拡充を求めている。また、2013年には中国で販売された漢方薬から違法・高濃度の残留農薬が検出されたという調査結果を発表した。これとは別に、2012年、日本の飲料メーカーが中国産茶葉から日本の安全基準を超える残留農薬が検出されたと自ら公表して、ウーロン茶のティーバッグ40万個を自主回収した。

食材・食品の海外調達は"安全の外部化"でもあり、結局、自ら徹底した食の安全かつ安定調達の体制整備とトレーサビリティの確立が必要となる。日本のある製薬会社は、中国での生薬生産・加工における安全と品質の確保のため、より強固な保証体制構築に重点的に取り組み、自社管理圃場の拡大にも努めている。

他方、「倫理的かつ持続可能な調達」の事例としては、パームオイルの大規模プランテーションに対する国際NPOの批判がある[49]。インドネシアを中心に大規模なパームオイル生産を手がけるシナール・マス・グループ[50]による熱帯雨林と生態系の破壊を彼らは強く批判してきた。同時に調達元側の企業に

---

※49 最近では、「No Deforestation Policy」という天然林破壊ゼロ方針を表明する企業が米国を中心に増えている。日本企業では花王が先駆的である。
※50 最近、自然林の不法伐採で日本でも話題となったAPP社はグループ企業である。

対しては、同社から購入しないよう圧力を強めた。これを受けて、世界有数の食品メーカーであるネスレやクラフトフーズ、食品・家庭用品メーカーのユニリーバなどは、2010年までに同社からの原料調達の取りやめを宣言した。

ここで、約190か国に支店網を持つ蘭英系ユニリーバの先進的なCSR戦略と取り組みを紹介したい[※51]。英蘭系ユニリーバはRSPOの設立メンバーでもある。本業を通じて社会的課題の解決に貢献するという堅固な戦略に基づき、社会の持続可能性と自社の成長を両立させる、2020年を目標年とする経営計画「ユニリーバ・サステナブル・リビング・プラン」を2010年に発表した。その後、グローバル・サプライチェーンを視野に入れて、3分野（健康・暮らし、環境負荷低減、生活水準向上）・9目標（持続可能な調達や人権・労働、女性の機会拡大、小規模農家などの包摂的支援を含む）に拡張した。これは幅広い社会的課題の中から自社のマテリアリティを特定した結果であろうが、特に「持続可能な調達」の考え方は模範的とも言える。

ユニリーバ製品の原材料の半分が農林業に由来することから、どこでどのように調達するかは、資源問題や気候変動だけでなく生産地域の社会にも大きな影響を及ぼす。特に生産地農家の家族や女性・若年層への影響は強く認識されている。そこで戦略的な数値目標（KPI）として8種類の原材料について、「2020年までに、原材料となる農産物のすべてを持続可能な調達にする」と表明した。2013年末には既に全体で48％を達成している。例えば、リプトン紅茶の茶葉については、現在既に約8割が自然環境認証システムのレインフォレスト・アライアンス認証製品となっているが、2015年中にすべてを切り替える予定である。

### コラム18　マクドナルドの2020年サステナビリティ方針

2014年4月、米国マクドナルドが2020年までの「CSR＆サステナビリティ・フレームワーク」を発表し、これを機に経営戦略を大きく転換した。フレームワーク策定に当たっては、多様な社外ステークホルダーからの意見を反映し、以下のような数値目標を掲げた（一

---

※51　ユニリーバのグローバルとジャパンのホームページを参照した。

部、特定国)。
- 牛肉：2016年からサステナビリティ認証の牛肉の購入を開始
- コーヒー、パームオイル、魚：すべてサステナビリティ認証を受けたものを調達
- 包装材：すべての繊維素材を認証済みまたはリサイクル素材に入れ替え
- 消費者の健康：主要９か国の店舗で果物・野菜・低脂肪食品または全粒穀物の販売を倍増
- 廃棄物：主要９か国の店舗で店舗廃棄物のリサイクル率を50％とし、廃棄物量を最小化
- エネルギー：主要７か国の直営店舗でエネルギー使用効率を20％向上

(資料) 米国マクドナルドのホームページより

## ⅲ) 先住民族の権利尊重
### ●先住民族の権利尊重の背景と展開

　鉱物や石油・天然ガスなどの天然資源開発では、先住民族や少数民族の居住地や近隣の地域で事業を行うことも多く、近年、その人権とともに歴史・宗教・文化を尊重することが求められるようになってきた。2007年の国連総会では「先住民族の権利に関する国際連合宣言」が採択され、先住民族の諸権利は人権として認識されるようになり（ISO26000〈6.3.7.2〉参照）、それに配慮し対応することが開発事業上の重要なCSR課題となった。これは社会的な操業許可（Social License to Operate）とも関係する（コラム11参照）。

　先住民族の権利侵害や地域住民の強制移転など、資源開発に伴うマイナスの影響として環境面や社会面の問題が注目されたことから、途上国の民間プロジェクトを担当する世界銀行グループのIFC（国際金融公社）の融資条件にも先住民族の権利尊重が盛り込まれた（コラム21参照）。このことは2001年に設立された国際的な業界団体ICMM（国際金属・鉱業評議会）の声明でも言及され、2003年には「持続可能な開発のための10基本原則」を策定し、2008年には冊子「鉱業と先住民」を発行した。

このような時代の変化の中で、資源開発プロジェクトで環境・生態系や先住民族への配慮が不足すると、地元政府の許認可取得や操業権の維持に支障を来すだけでなく、地域住民からの訴訟やNPOのネガティブキャンペーンの対象となることもある。そのため、プロジェクトの計画段階から積極的にステークホルダー・エンゲージメントを行い、現地の環境や社会への悪影響を最小にとどめつつ、雇用促進など地域発展に貢献できるよう工夫して、先住民族や地域社会からの支持を得られるよう慎重かつ丁寧な取り組みが必要となった。

　なお、民間金融機関の大型開発向けのプロジェクトファイナンスにおいても、上記と同様の考え方から2003年に「赤道原則」(コラム19参照) が策定されている。関連して、世界の年金基金など主要な機関投資家は社会・環境の持続可能性のための"責任ある投資"をめざして、2005年に「責任投資原則（PRI）」(コラム20参照) を策定した。日本では、2014年2月に責任ある機関投資家の諸原則である「日本版スチュワードシップ・コード」が金融庁から公表された。

### コラム19　金融機関の「赤道原則」

　「赤道原則」は、民間金融機関による融資における環境や社会への配慮に関する国際的自主協定である。大型のダムや発電所建設、天然資源開発などの開発事業に対してプロジェクトファイナンスの際、環境面や社会面での事前影響評価を行い、融資の妥当性や改善要請を検討する。

　さらに、プロジェクト終了時までその順守状況をモニタリングし、融資先に是正措置を行うことなどを定めている。

　2003年に世界銀行グループのIFC（国際金融公社）が、主要な欧米民間銀行（NPOから生物多様性を考慮していないと批判されたシティグループなど）と共同で策定したもの。本邦金融機関では、みずほコーポレート銀行、三菱東京UFJ銀行、三井住友銀行の3行が2005年までに採択した。

6章　社会的課題から考える本来のCSR経営

> **コラム20**　機関投資家による責任投資原則（PRI）
>
> 「責任ある投資の原則（PRI：Principles for Responsible Investment）」は、2005年にアナン国連事務総長（当時）の招請により集まった世界の主要機関投資家（米国最大の年金基金・カリフォルニア州職員退職年金基金、世界最大級の運用規模のノルウェー政府年金基金、英国最大の年金運用機関ハーミーズなど）が取りまとめ、2006年にニューヨーク証券取引所で署名式が行われた。
>
> 　6原則からなるこの原則は、「資産運用においても、環境・社会・コーポレートガバナンス、いわゆるESG問題に配慮することにより、環境問題の改善や企業の社会的責任を遂行していくこと」を基本精神としたものである。
>
> 　この原則は、国連グローバル・コンパクトの金融版ともいえるが、2015年1月現在世界で1341機関（年金基金等286、運用機関871、コンサル等184）が署名している。そのうち日本企業は31機関と少ないが、最大規模の運用資産を持つ日本の年金積立金管理運用独立行政法人（GPIF）は参加していない。

## ●先住民族の権利尊重の事例と示唆

　世界的規模の資源採掘会社には、BPやシェルなどの石油メジャー、あるいはBHPビリトンやリオ・ティントなどの鉱山会社がある。かつては大規模な露天掘りによる環境破壊や先住民族の生活破壊をNPOなどから批判されたが、前述のICMMによる自主規制もあって、今では持続可能な採掘事業に取り組んでいる。現在は、中堅の採掘会社が問題を起こしているとの指摘が多く、先住民族の人権侵害により操業停止に至った事例、あるいはNPOの反対運動の対象となっている事例は、日本企業を含めて世界には少なからず存在する。

　日本企業では、例えば、電力会社による米国アラスカでの石炭開発の合弁事業において、先住民族の生活圏の安全を脅かしたことから、NPOの抗議により事業停止に至った（図表3-12実例1参照）。また、非鉄系鉱山会社（総合商社も出資）は、2005年からフィリピンで商業生産するニッケル製錬事業につい

て、国際NPOから周辺サンゴ礁の水質汚濁や先住民族の意思決定に関わる人権侵害を批判され、その後協議が開始された（コラム21参照）。

　他方、まだ事例は少ないものの、先住民族の権利を尊重する方針と仕組みを持つ先進企業もある。石油メジャーの一つであるエクソン・モービルは、開発対象地域の文化遺産保全を規定する計画や地域住民との協調のための行動基準などを策定している。その背景には、海上環境事故としては当時最悪の1989年に起きたエクソン・バルディーズ号原油流出事故への批判があると言われている。

　日本の国際石油開発帝石（INPEX）も、世界各地で石油・天然ガス開発事業を展開する中で、現地先住民族への配慮は欠くことのできない重要なCSR課題と位置付け、先進的な取り組みを行っている[※52]。特に同社の豪州北部での世界規模のLNGプロジェクト（日本に15年間供給予定）では、当該地域の住民の約4割が先住民族であり、その土地と水の歴史的な所有者（Traditional Owners）として重要なステークホルダーと位置付けている。

　2016年の生産開始に向けてプロジェクトが進む中、2009年に先住民族と覚書を交わし、相互に協力・尊重していくことを約束した。2010年に「地元産業採用計画」、2012年に「社会影響管理計画」などを策定した。さらに2013年には重点テーマを関係・尊重・機会とする「先住民社会との協調活動計画（RAP：Reconciliation Action Plan）」を初めて発表した。今後、その達成結果が毎年公表される。

　先住民族問題ではないが、米国コカ・コーラは2000年代初めにインドで工場取水による水資源枯渇をめぐって地域住民から訴えられた。それを機に地域とのコミュニケーションに努めつつ、工場で使用した水と同等量を水源涵養林の保全により相対的に水利用量をゼロにする「ウォーター・ニュートラル」を達成した。現在では、2020年までに日本を含め世界で実現することをめざしている。

　これらのことから、現地の事情や慣習・文化を十分に理解したうえで、雇用創出や教育支援、水資源確保などの長期的支援によって地域社会との信頼関係

---

※52 同社「INPEX サスティナビリティレポート 2013」を参照した。

を築くことが、Social License to Operateを確保し、結局は企業の競争力の向上につながることが分かる。

> **コラム21** IFC（国際金融公社）のパフォーマンススタンダード
>
> 世界銀行グループで途上国の民間開発部門を担当するIFCは、投融資の条件として8項目のパフォーマンススタンダード（PS）を策定した（2012年改定）。これは、プロジェクト実施により影響を受ける地域住民保護のための基準である。
>
> PS 1 – 環境・社会に対するリスクと影響の評価と管理
> PS 2 – 労働者と労働条件
> PS 3 – 資源効率と汚染防止
> PS 4 – 地域社会の衛生・安全・保安
> PS 5 – 土地取得と非自発的移転
> PS 6 – 生物多様性保全および自然生物資源の持続的利用の管理
> <u>PS 7 – 先住民族</u>
> PS 8 – 文化遺産
>
> PS 7 が先住民族の権利で、土地取得のデューデリジェンスを定めた。FPIC（Free, Prior, Informed Consent）の概念が導入され、土地取得では、先住民族が強制なしに事前の情報開示により自ら合意することが条件となった。

## iv）紛争鉱物（Conflict Minerals）とサプライチェーン
### ●紛争鉱物の背景と展開

紛争鉱物とは、紛争地域において産出された鉱物（特に電子機器製造に不可欠な希少金属）を意味し、その採掘過程には武装勢力が関与してその資金源となっており、児童労働やさまざまな人権侵害が行われている。企業がサプライチェーンを通じて、そのような鉱物を調達することが、結果として当該地域の

紛争や人権侵害を助長し、「加担」につながることが危惧されてきた。

このような状況の中で、米国で2010年に成立した「金融規制改革法（通称ドッド・フランク法）」の第1502条は、米国で上場している企業に対して、コンゴ民主共和国（DRC、旧ザイール）[53]とその周辺9か国から調達した鉱物を使用しているかどうかを、毎年、SEC（米国券取引委員会）へ報告することを義務付けた。指定された紛争鉱物は、米国国務長官が武装勢力の資金源になると認めたもので、スズ・タンタル・タングステン・金（総称して3TG）である。

2012年にはSECが開示規則を公表した。報告には「合理的な原産国調査」が必要であるため、上場企業は鉱物の起源と加工・流通に関するデューデリジェンスを行うことになった。つまり、報告には上場企業だけでなく、その調達先も含まれることから、電子・電機業界をはじめ多くの日本企業にも影響が及んだ。最初の2013年分の報告期限が2014年の5月末であった。

しかし、2014年4月になって、ワシントンDCの連邦控訴裁判所がSECの情報開示の義務付けは米国憲法違反とする判決を出した（原告は米国産業界を代表する諸団体）。これに対して、SECは予定通り義務付けを行うとしつつも、「紛争鉱物フリー（DRC conflict free）かどうかの結論については開示義務を課さない」と譲歩した。この判決は控訴審ゆえ、最終的にどのように決着するのか、本書執筆時点（2015年1月）では不明である。

なお、報告期限直前の混乱の中で、上場する日本企業は最初の紛争鉱物トレーサビリティ・レポートをSECに提出した模様で、2015年の報告に向けた準備を始めている。

### ◉紛争鉱物の事例と示唆

日本企業に限らず、紛争鉱物は個別企業の努力だけで解決できる問題ではないため、業界としての取り組みが進んでいる。例えば、世界の電子・電機メーカーのCSRアライアンスであるEICC/GeSI[54]は、Conflict-Free Smelter（CFS）

---

[53] 世界最大級の鉱物資源国と言われるコンゴは、1990年代から内戦状態にあり、最貧国の一つである。現政権を支持する米国は、反体制武装勢力の資金源を断つことを直接の目的としている。

[54] Global e-Sustainability Initiativeの略。

プログラムの中で、OECDの「紛争鉱物デュー・ディリジェンス・ガイダンス」に基づく調査テンプレートを作成し、普及に努めている。

　日本のJEITA（電子情報技術産業協会）も紛争鉱物への加担には反対の立場で、EICC/GeSIと連携しつつ、「責任ある鉱物調達検討会」を2012年に創設し、さまざまな取り組みを行ってきた。しかしながら、米国のNPOであるEnough Projectが2012年に実施した、消費者向けの電子機器を製造する企業を対象とした調査[※55]によれば、現状では欧米企業の取り組みに比べて、日本企業の評価はかなり低い。

　紛争鉱物はさまざまな要素・側面を持つ複雑なグローバルサプライチェーン問題であるが、今後「原産国が明らかにされた鉱物」の使用については、多方面からの要請が強まることになろう。

　特に、欧州委員会は、2014年3月に鉱物輸入業者に対する自己認証制度（EU system of self-certification）を導入する紛争鉱物規則案を発表しており、SECが今後どのように判断するのか予断を許さない。

　したがって、ここ数年にわたり紛争鉱物に取り組んできた日本の関係企業もCSR課題として、人権侵害の加担の回避に向けて「紛争鉱物は使用しない」という方針を堅持し、これまでの努力を生かして、世界に向けた発信を積極的に行うことが肝要であろう。

　以上、今後ビジネスインパクトとして企業経営に大きな影響を及ぼすと考えられるサプライチェーンに関わる4つの社会的課題（人権・労働、食品調達、先住民族、紛争鉱物）に対して、先進的なCSRの取り組み事例を見てきた。これらからCSR経営に対して包括的に示唆されることは、次の3点である。

- 業種特性によって異なるCSR課題とマテリアリティの判断
- 単独から連結へ、自社から上下流へCSRバウンダリーの広がり
- CSRリスク・チャンスの認識に基づく経営戦略アプローチ

---

※55 「Taking Conflict Out of Consumer Gadgets: Company Rankings on Conflict Minerals 2012」。

## (3) 日本企業における「CSR調達」の先進事例

　前項で述べた社会的課題に関わるサプライチェーンのCSRリスクを認識し、「CSR調達」に積極的に取り組む日本企業が業種を問わず少しずつ増えてきた。図表6-6は環境経営学会の調査結果（図表3-13参照）を示す。

　ただし、いずれも国内では先進的な取り組みであるが、全体的に自社のリスクマネジメントの域を出ていない。今後は、欧米の先進企業のように、リスクマネジメントを超えた調達先の「能力向上」につながる"持続可能なサプライチェーンの構築"への進展に期待したい。

---

**コラム22　社会的課題の解決に向けた2つのアプローチ**

「本業を通じて社会的課題を解決する」

　これは、CSR（企業の社会的責任）とCSV（共有価値の創造）のそれぞれについて、その性格を説明する表現である。両者は本質的に性格が異なるにもかかわらず、同じ表現となる。何ともおかしな話であるが、なぜ、このようなことが起きるのか。

　CSRは、自社の意思決定や事業活動が社会と環境に及ぼす悪影響を「本業（プロセスとプロダクト）」における取り組みによって解決を図ることである。

　これに対して、CSVは「ビジネス＝本業」として、社会全体が抱える問題を製品・サービス（プロダクト）の開発によって解決しようとするものである（5章図表5-2参照）。

　つまり、両者の「本業」の意味が違うのである。さらに社会的課題の原因認識が"内部"か"外部"かで決定的に違う。「本来のCSR」では自社が原因者であるのに対して、CSVでは自社とは直接関係なく、社会全体に原因がある。

# 6章 社会的課題から考える本来のCSR経営

## 図表6-6：先進的な日本企業のCSR調達の考え方と展開

### 事例1【食品製造業】

| 戦略 | 競争力あるサプライチェーンのため品質・安全と安定調達が第一なるも、「責任ある調達」としてコンプライアンス、人権・労働、環境に着目し、リスク・チャンスの両面から海外（特に途上国）を重視 |
|---|---|
| 体制 | 「グループ調達センター」がCSR調達を統括し、「CSR部」はCSR全般のコーポレート機能を担当 |
| 展開 | 「サプライヤーCSRガイドライン」について国内一次調達先に説明会を開催、今後は海外グループ会社へ展開 |
| 監査 | サプライヤーと共存共栄の姿勢で、SAQ（自己チェックシート）を基に「第二者監査」を実施、将来は「第三者監査」も視野に |

### 事例2【中間材製造業】

| 戦略 | リスクマネジメントとして潜在化するCSR課題への先行対応が、発生予防・迅速対応・影響抑制になると判断し、「CSRリスクの見える化」を重視して「サプライヤー通報制度」を設置 |
|---|---|
| 体制 | CSR調達は資材部門が担当、全世界の管理職で拠点ごとに「リスク抽出ワークショップ」を開催 |
| 展開 | 人権・労働・環境を含む「グループ行動ガイドライン」（16言語）を調達先に順守を要請 |
| 監査 | 上記ガイドラインを基に各事業所で「第二者監査」、監査結果に応じて希望すれば対等の「パートナー」に位置付け |

### 事例3【電機製造業】

| 戦略 | 海外調達比率の拡大の中で、サプライチェーンにおけるCSR調達リスクは経営問題と認識、環境・社会的課題を海外を含むグループ各社と共有し、CSRリスクの早期把握・回避をめざす |
|---|---|
| 体制 | 海外拠点を統括する「コーポレートCSR部」（問題発生時の通報先）と「グループCSR・グリーン調達センター」との連携 |
| 展開 | 世界4地域にそれぞれ現地調達・開拓を統括する「地域調達責任者」を配置し、上記調達センターと連携 |
| 監査 | SAQの結果により抽出したアジアの調達先に対し、外部機関の支援で「現地CSR監査」を実施、今後も継続予定 |

### 事例4【自動車製造業】

| 戦略 | 「サプライヤーCSRガイドライン」をすべてのサプライヤーに提示し、説明会でその徹底を図る。自社の価値観やプロセスを小冊子にまとめ、グローバルにサプライヤーと共有 |
|---|---|
| 体制 | 本社では「コーポレートCSR部」と「購買管理部」が連携して、CSR調達を推進 |
| 展開 | グローバルには世界を4大地域に分け、調達の「地域総括担当」を中心として地域ごとに教育、情報交換を実施 |
| 監査 | サプライヤーとは共存共栄が原則であり、監査という形は取らず、教育・指導が中心 |

## 事例5【スポーツ用品製造業】

| 戦略 | 製造委託先における人権尊重により公正な雇用慣行を支え、世界人権宣言を含む労働関連宣言を尊重し、事業展開する国々の労働法規を順守。「CSR 調達行動規範」をサプライヤーへ継続教育 |
|---|---|
| 体制 | 法務部に「グローバルCSR室」を置き、NPOとのエンゲージメントを図りつつ、製造委託先と労働環境改善に取り組む |
| 展開 | 行動規範のサプライヤーの従業員への伝達(現地語掲示)とモニタリングシステムの構築を要請。「グローバル枠組協定」に署名 |
| 監査 | 世界中の製造委託先を自ら直接訪問し、3年で一巡。問題発見時には取引停止ではなく、対話と働きかけによる改善を図る |

## 事例6【流通業】

| 戦略 | グローバル化とともにCSRリスクは高まると認識し、消費者を意識したブランド毀損回避のため、「CSRリスク管理」は本業において当然実施すべき業務と位置付け |
|---|---|
| 体制 | 米国グループ本部と連携して、「コーポレート監査部」(インド)が世界の店舗で監査を実施、調達先には契約時に明示 |
| 展開 | 世界共通のCSR調達基準(順法、労働、賃金、組合、安全衛生、腐敗防止等)の適用 |
| 監査 | グループ本部の監査部門が統括し世界共通の現地監査、今後は中国を中心にアジア重視 |

## 事例7【情報通信業】

| 戦略 | 成熟した国内市場を背景に海外企業のM&Aが進む中で、その子会社やサプライチェーンが急速に拡大。同時にCSRリスクも拡大することへの危機意識 |
|---|---|
| 体制 | 「CSR推進室」と「資材部」が連携して、「CSR調達方針」と「CSR調達ガイドライン」を策定 |
| 展開 | CSR調達ガイドラインの適用は国内調達先が中心、現状では海外子会社はブラックボックスと認識 |
| 監査 | CSR監査はこれからだが、「改善要請型」とするか「厳格監査型」とするかを検討中 |

(注) 下線は筆者による。
(資料) 環境経営学会資料を基に筆者作成

6章　社会的課題から考える本来のCSR経営

| コラム23 | サステナビリティ：イラスト2題 |

Behind the scenes, what's actually happening ?
（日常の生活の裏で、一体、何が起きているのだろうか：筆者訳）

（資料）高月紘「ハイムーンの漫画ギャラリー」京エコロジーセンターホームページ

ACジャパン2013年度支援キャンペーン

（資料）WWFホームページ

161

# 本来のCSRを
# 経営に落とし込む方法

## 7.1 「本来のCSR経営」の全体見取り図

### (1)社会的課題から考える「本来のCSR経営」の見取り図

　日本型CSRからの脱却の方向として、社会的課題と自社事業の関連性から考える「本来のCSR」を述べてきた。6章の先進事例も踏まえて、本来のCSRを企業経営に落とし込んだ「本来のCSR経営」の姿を全体見取り図として示したものが図表7-1である。

　この見取り図は「基盤的CSR」と「CSRキュービック・チャート」から構成されるが、それぞれの意味するところを次に説明する。

#### ●基盤的CSR

　CSR経営を考えるとき、まずCSR経営の礎として、「どのような基本姿勢で、何をめざすのか」あるいは「持続可能な社会の実現に向けて、どのように貢献するのか」というCSRの企業理念・ビジョンを明確にする必要がある。そこには業種を問わず、インテグリティ(経営の誠実さ)が不可欠であり、それはそのまま経営トップのコミットメントにつながる。

　そしてそのうえに、自らの社会的責任を果たすための意思決定プロセスを含む広義のコーポレートガバナンス(企業統治)とコンプライアンス(法令順守)がある。これらの2層は「基盤的CSR」と位置付けられ、CSR経営の全体を支える。ここが脆弱であれば、本来のCSR経営は成り立たない。なお、長年にわ

## 図表7-1：社会的課題を主軸とする「本来のCSR経営」の見取り図

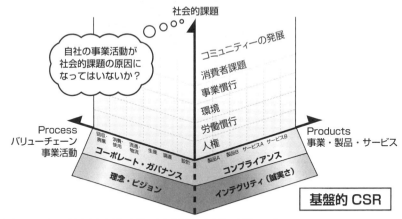

(注) 本図は、グループ企業を含むCSR経営の全対象範囲を包括的に表現している。
　　同時に、CSRデューデリジェンスの全体領域も示している。
(資料)『オルタナ』編集長 森 摂と筆者にて作成

たる企業不祥事の繰り返しの中で、従来の日本型CSRの関心はここにとどまっている。

●CSRキュービック・チャート

　この基盤的CSRの上に構築されるべきものが、社会基点の発想に基づく本来のCSR経営である。3軸のCSRキュービック・チャートで主軸となるのが垂直軸の「社会的課題」であり、ISO26000の企業統治を除く6つの中核主題（人権、労働慣行、環境、事業慣行、消費者課題、コミュニティーの発展）から構成される。これに対して平面座標を形成するのが、「Products（製品・サービスや事業）」と「Process（事業活動、バリューチェーン）」の2軸であり、自社の「事業フィールド」を表す。つまり、この平面座標上で自社のプロダクトごとのバリューチェーン（設計、調達、生産、流通・物流、消費・使用、回収・廃棄）が表現される。

　3軸上で具体的に説明すると、次のようになる。例えば、社会的課題である垂直軸の第一層にある「人権」では、事業フィールド上のプロダクトである自

社製品Aとそのプロセス（バリューチェーン）において、顕在化あるいは潜在化している加担を含めて人権侵害をしていないかどうか、自らデューデリジェンスを行うことができる。もし問題や課題が発見されれば、適切に対処する。同様に第二層の「労働慣行」では、例えば、サービスAのプロセス（特に、サービスの生産すなわちサービス提供の現場）において差別的な雇用や過酷な労働を強いていないかを自らチェックできる。第三層の「環境」においては、プロダクトとプロセスの両面において環境汚染や環境負荷などの自己監視ができる。「消費者課題」や「コミュニティーの発展」においても同じ考え方である。

このようにCSRキュービック・チャートを用いれば、いずれの社会的課題に対しても、プロセスとプロダクトの両面から常に自社の意思決定や事業活動との関連性を把握することができる（図表7-2参照）。

### 図表7-2：CSRキュービック・チャートを用いたデューデリジェンス

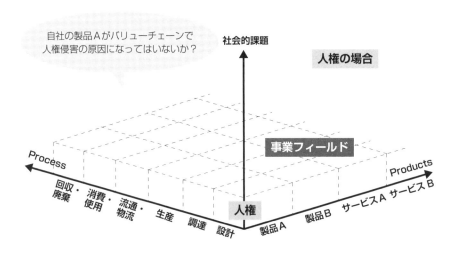

（資料）筆者作成

## (2) 効果的なCSRデューデリジェンス

詳細は次節で説明するが、本来のCSRを経営全体に落とし込むためには、個別の社会的課題に焦点を当て、まず自社の意思決定や事業活動が社会や環境に（悪）影響を及ぼしている（可能性のある）事項を洗い出すことが不可欠である。

このようにCSRデューデリジェンスを実施する際に、自社のプロダクトとプロセスの特性に応じた独自のCSRキュービック・チャートを作成すると、社会的課題と自社事業の関連性について、全体を俯瞰することができる。

◉OECD多国籍企業行動指針におけるデューデリジェンスの導入

　コラム14で述べたように、OECD多国籍企業行動指針の2011年改定では、ISO26000の定義を受けて、責任ある企業行動として「経済・環境・社会面での発展に積極的に貢献する。その活動から生じる悪影響を避け、もし悪影響が生じた場合には、これに対処する」と明示した。そのうえで、「人権」の原則を追加するとともにデューデリジェンスの手法を取り入れた。

　このCSRデューデリジェンスについて、次のように解説している。すなわち、「悪影響」とは企業の活動から生じる負の影響・結果を意味し、実際のあるいは潜在的な悪影響を特定したうえで、それを緩和して、説明する一連のプロセスである（図表7-3参照）。

### 図表7-3：OECDによるCSRデューデリジェンスの考え方

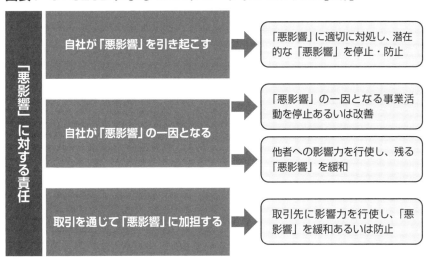

（資料）外務省ホームページを基に筆者作成

# 7.2 「本来のCSR」を経営に落とし込む方法の全体像

## (1)「本来のCSR」を経営に落とし込むための全体の流れ
◉CSR経営に関する2つの基本認識

　本節以降では、これまで述べてきた考え方を総合的に勘案して、「本来のCSR」を経営に落とし込む手順と方法を述べる。ただ、その前に、確認しておきたいことがある。企業が本業を通じて環境問題を含む社会的課題を解決し、持続可能な社会の実現に貢献するためには、CSR経営に関する2つの基本認識が不可欠である（図表7-4参照）。

**図表7-4：「本来のCSR」を経営に落とし込むための基本認識**

〔持続可能な社会・環境の実現〕

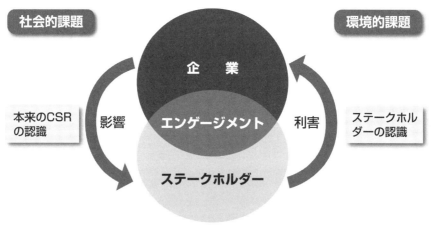

（資料）筆者作成

　一つは「本来のCSRの認識」であり、自社の意思決定と事業活動が社会や環境に及ぼす影響を特定し、CSR課題としてどう解決するかを考えることである。もう一つは、「ステークホルダーの認識」であり、自社事業の影響を直接・間接に受ける（特に、目に見えない）ステークホルダーの利害を尊重し配慮することである。

それでは、前項の図表7-1で示した「社会的課題を主軸とする『本来のCSR経営』の見取り図」をどのようにして構築するのか。図表7-5は、【出発点】から始まり、「本来のCSR」を経営に落とし込むための3段階・9ステップを経て、【運用段階】に至る全体の流れを示す。

## (2)「本来のCSR」の経営への落とし込み手順の概要

　社会的課題から考える「本来のCSR」を経営に落とし込む方法は、企業のそれまでのCSRの考え方や取り組み内容によって少し異なる。しかし、その違いを問わず、本章で述べる本来のCSRを企業経営に落とし込む手順と方法を確認して、「本来のCSR経営」の導入あるいは見直しを図っていただきたい。必ず新たな発見があるはずである。

　実はISO26000には第7条「企業全体に社会的責任を統合するための手引[56]」があり、統合の考え方や方法が解説されているが、全体像が見えにくいところがある。そこでGRI・G4も参考にしつつ、筆者の企業へのアドバイスやコンサルティングの経験を踏まえて、独自に作成した手順の全体像が図表7-5である。ここでは、この流れに沿って「本来のCSR」の経営への落とし込み手順を概説する。

### ●出発点：CSR経営の導入（見直し）を決定する

　「本来のCSR」の経営への落とし込みは、CSR経営の導入について企業としての意思決定がなければ始まらない。これが【出発点】の「CSR経営の導入（見直し）を決定する」であり、経営トップの明確な意思表明が必須要件である。そして、それを実践に移すためには、CSR経営体制の整備が不可欠である。

　ある意味では、全体の落とし込みの流れの中でこの【出発点】が最大の難関かもしれないが、実際の「本来のCSR」の導入事例にはいくつかのパターンがある。なお、既にCSRに取り組んでいる場合には、「導入」ではなく「見直し」となる。

---

[56] ISO26000の英語原文では「Guidance on integrating social responsibility throughout an organization」である。

### 図表 7-5：「本来の CSR」を経営に落とし込む方法の流れ

| 【出発点】 | CSR 経営の導入（見直し）を決定する |
|---|---|

| 【第一段階】 | 社会的課題と自社特性を知る |
|---|---|
| ステップ① | 社会的課題を理解する |
| ステップ② | 自社の事業特性を再確認する |
| ステップ③ | 自社のステークホルダーを特定する |

| 【第二段階】 | 自社の重要な CSR 課題を特定する |
|---|---|
| ステップ④ | 社会的課題と自社事業の関連性を判断する |
| ステップ⑤ | 自社のマテリアルな CSR 課題を特定する |
| ステップ⑥ | CSR 経営の範囲を決定する |

| 【第三段階】 | 重要な CSR 課題を経営に組み込む |
|---|---|
| ステップ⑦ | マテリアルな CSR 課題に優先順位を付ける |
| ステップ⑧ | CSR 経営を体系化し、KPI を策定する |
| ステップ⑨ | 「CSR 中期計画」を策定し、企業統治に組み込む |

| 【運用段階】 | CSR 経営を進化・深化させる |
|---|---|

（資料）筆者作成

●第一段階：社会的課題と自社特性を知る

　企業として意思決定がなされたならば、最初の落とし込み作業である【第一段階】の「社会的課題と自社特性を知る」を行う。そこでは、まず地球・地域レベルの社会的課題を幅広く理解したうえで（ステップ①）、それと直接・間接に関連する可能性のある自社の事業特性を「本来のCSR」の視点から再確認する（ステップ②）。これらを踏まえて、自社のステークホルダーを特定する（ステップ③）。いずれも、次の【第二段階】のために不可欠な準備作業であるが、意外と実施されていない。

●第二段階：自社の重要なCSR課題を特定する

　次いで【第二段階】の「自社の重要なCSR課題を特定する」では、ステークホルダーを視野に入れながら、まず社会的課題と自社事業との関連性の判断を行う（ステップ④）。このステップ④は「社会基点」から考えるCSRデューデリジェンスとして重要であるにもかかわらず、無視されることが多く、自社にとって重要なCSR課題を見落とすことにもなりかねないため、必ず実施していただきたい。

　そして、自社事業と関連性があると判断した社会的課題の中で自社にとって重要なCSR課題を抽出する（ステップ⑤）。これが重要性、いわゆる"マテリアリティ"の判断であり、ステークホルダー・エンゲージメントを経てCSR課題を自ら特定するもので、本来のCSRの落とし込みにおいて中心的な作業となる。併せて、自社のCSR経営の範囲、すなわち「バウンダリー」を決定する（ステップ⑥）。

●第三段階：重要なCSR課題を経営に組み込む

　続く【第三段階】の「重要なCSR課題を経営に組み込む」では、ステップ⑤で特定したマテリアルなCSR課題に戦略的観点から優先順位付けを行う（ステップ⑦）。そのうえで、「CSR経営の体系化」により明確な方向付けを行い、CSR課題ごとにKPIを策定する（ステップ⑧）。最後に、本業の「長期経営ビジョン」と連動させた「CSR長期ビジョン」を設定し、その実行計画として「CSR中期計画」を策定し、企業経営に組み込む（ステップ⑨）。これをもって、「本

来のCSR」の経営への落とし込み作業は完了する。

●運用段階：CSR経営を進化・深化させる

　ステップ⑨で策定したCSR中期計画をPDCAサイクルで回すことで、本来のCSR経営の【運用段階】に入る。この【運用段階】ではCSR経営を進化・深化させるべく、CSR教育による役職員のサステナビリティマインドの醸成と対処能力の向上、ステークホルダーとの連携強化やコミュニケーションの促進、あるいは「影響力」の行使、さらに国内外のCSRイニシアチブへの参加など、さまざまな取り組みが必要となる。また、CSR経営の意思決定機関である「CSR委員会」では、「CSR長期ビジョン」におけるCSR戦略の基本課題を検証することも必要である。

> **コラム24**　国際フレームワークにおけるマテリアリティの特定
>
> 　2010年代に入るとISO26000だけでなく、GRIの「持続可能性報告ガイドライン第4版」やIIRCの「国際統合報告フレームワーク」など、CSRに関わる国際フレームワークが相次いで公表された（図表4－9参照）。
>
> 　これらに共通することの一つが、CSRに関するマテリアリティ（いわゆる重要性）の強調であり、それぞれ特定方法も記載されている。いずれも「社会的課題と自社事業の関連性の特定⇒重要性の判断⇒優先順位付け」というプロセスから成り立っている。
>
> 　それゆえ、「本来のCSR」を経営に落とし込む方法の流れを示した図表7－5の【第二段階】は特に重要な作業となる。

| ISO26000 | GRI ガイドライン(G4) | IIRC 統合報告枠組み |
| :---: | :---: | :---: |
| 2010年11月発行 | 2013年5月発行 | 2013年12月公表 |
| 関連性の判断 | 側面の特定 | 関連する事象の特定 |
| 重要性の判断 | マテリアリティの判断 | 重要度の評価分析 |
| 優先順位の決定 | 優先順位付け | 優先付け |

(資料)筆者作成

## 7.3 【出発点】CSR経営の導入(見直し)を決定する

　何事も新しい取り組みを始めるには、それに対する問題意識とその方向性が明確でなければならない。そこで、本節ではまず【出発点】である「本来のCSR経営」の導入の意思決定について説明する。

### (1)意思決定がなければ「本来のCSR経営」は始まらない

　「本来のCSR」を企業経営に落とし込む手順の中で最も大事なことは、「CSR経営を導入する」という企業の意思決定である。つまり、企業として明確な意思を持って、【出発点】に立つことである。なぜなら、これまで「本来のCSR」に取り組んでこなかった企業が、いきなり「本来のCSR経営」を始めることはできないからだ。

　【出発点】では、世界のサステナビリティの潮流とCSRのリスク・チャンスの両面性を認識したトップダウンが理想的である。しかし、逆に経営トップや経営層がCSR自体に無頓着あるいは理解を示さない場合、企業内にCSRに対する問題意識は芽生えにくく、【出発点】に立つには時間がかかると考えられる。

　これは企業の風土・文化や価値観にも関わる問題であるが、CSRに限らず、筆者の経験から、日本企業の経営者の多くは同業他社の動きには敏感であることを申し添えておきたい。日本企業が新しい取り組みを始めるに当たって、一部を除いてトップダウンやボトムアップはあまり見られず、"ミドルアップ"

が多いことから、問題意識のあるミドル層による経営層への提案に期待したい。

　ある意味では、「本来のCSR経営」の導入の意思決定である【出発点】が、全段階の中で最も難しいかもしれない。そこで、参考までに、筆者がこれまでに関与ないし見聞した「本来のCSR経営」の導入（あるいは見直し）に至ったパターンを紹介する。

- 問題意識が高く世界の潮流を認識したトップによる自主判断
- 世界的NPOなどからの批判ないしネガティブキャンペーン
- 親会社の方針転換や顧客のCSR調達・CSR監査に対応
- CSR担当者による「本来のCSR」への転換の必要性の認識
- 「本来のCSR」に対応できない既存のマネジメントシステム

## (2) CSR経営体制の整備は不可欠

　「本来のCSR経営」の導入の意思決定をするということは、それを実践するための体制を整備する（少なくとも担当者を任命する）ことを意味する。しかし、新たにCSR経営に取り組もうとする場合には、CSRを担当する組織が存在しない。

　そこでCSRの担当部署を新設することもあるが、既存の"環境経営"や経営企画、社会貢献などの部署にCSR機能を付加する、あるいはこれらを発展的に解消して組織再編する企業も少なくない。これとは別に、全社的な企業統治の観点から社内横断的あるいはグループ会社統括的な「CSR委員会」を設置する企業もある。

　なお、【出発点】としてCSRの「見直し」も入れたが、これは既にCSRに取り組んでいる企業が、自社のそれまでのCSRの考え方が「本来のCSR」とは異なることに気付いて、軌道修正や転換を行う場合を想定したものである。今後は、事業活動のグローバル化を背景に、自社の既存のCSRの定義や体系、あるいはCSR推進体制を見直す企業が増えてくるものと考えられる。

## 7.4 【第一段階】社会的課題と自社特性を知る

　経営トップがCSR経営の導入（あるいは見直し）の意思決定をしたら、【第一段階】から【第三段階】までの落とし込み作業を確実に行うことになる。本節では、【第一段階】の「社会的課題と自社特性を知る」ためのステップ①からステップ③までを解説する。これらは、【第二段階】の「自社の重要なCSR課題を特定する」のに欠かせない大いなる準備作業である。

### (1)ステップ①：社会的課題を理解する

　最初のステップ①では、自社のCSR課題となり得る社会的課題を幅広く理解する。まず基礎としてISO26000やGRI・G4を理解する必要があるが、従来の日本型CSRの発想からは気付かないことも多い。

#### ●まずはISO26000の「実践課題」とGRI・G4の「側面」の理解から

　ISO26000（第6条）の中核主題やGRI・G4（特定標準開示項目）のカテゴリーは、一般的に企業がCSRとして対処すべき社会的・環境的・経済的影響（impacts）の領域を示している。その中で、企業が自社のCSR課題を特定する際に検討の対象となる社会的課題を、ISO26000では36の「実践課題（Issues）」、GRI・G4では46の「側面（Aspects）」という形で提示している。

　それゆえ、企業が自らのCSR課題を自ら特定するためには、これらの実践課題と側面を通じて、社会的課題として世界では何が議論されているかを理解することが肝要である。ただし、6.3節で述べたような、より具体的な社会的課題が今後も出てくるので、日頃からさまざまなルートでグローバルな視点から最新情報を入手すべきである。

#### ●すべての実践課題や側面が関係する訳ではない

　ここで留意すべきことがある。ISO26000で言えば、中核主題はそのすべてがあらゆる企業に関係する。しかし、実践課題については、すべての項目があらゆる企業に関係する訳ではない。GRI・G4においても、カテゴリーと側面について同じことが言える。これが後述するマテリアリティにつながる。日本

企業は手引に書いてあれば、すべてに取り組まねばならないと思い込みがちだが、ISO26000もGRI・G4もそれぞれの目的に応じて標準的な事項を幅広く提示しているのである。

## (2) ステップ②：自社の事業特性を再確認する

ステップ②では、社会的課題の深い理解の下、海外を含む自社グループ会社の事業特性やバリュー（サプライ）チェーンの特性、さらに「見直し」の場合には、自社のCSRの特徴を再確認する。

### ●自社の事業特性の再確認に必要な要素

ステップ②で再確認する自社グループの事業特性は、その社会的課題との関連性を判断し、また自社のステークホルダーを特定するときに必要である。自社の事業特性として再確認すべき典型的な要素は、以下の3領域の特性である。

### ①自社とグループ会社の基礎的事業特性
- 製品・サービスや事業活動（プロダクトとプロセス）の内容・規模・性質
- 事業活動する国・地域とその特徴（海外現地法人を含む）
  ▷ 活動現地の従業員（請負や派遣などを含む）の特性
  ▷ 活動現地のCSR関連法令や規制（特に人権・労働と環境、汚職）
  ▷ 活動現地の社会・経済特性と社会的課題

### ②バリュー（サプライ）チェーンの特性（図表3-9参照）
- バリュー（サプライ）チェーンのある国・地域とその特徴
- 顧客や消費者とその特性（生活文化を含む）
- 調達先や発注先とその特性（商習慣や価値観を含む）
  ▷ 調達先現地の従業員（請負や派遣などを含む）の特性
  ▷ 調達先現地のCSR関連法令や規制（特に人権・労働と環境、汚職）
  ▷ 調達先現地の社会・経済特性と社会的課題

③自社（グループ）のCSRの特徴（特に「見直し」の場合）
- CSRに対する経営トップの姿勢、コミットメントの強さ
- CSRの基本方針（考え方、ビジョン、行動規範など）
- CSRに関する意思決定の構造・プロセスと組織体制
- CSRに関する従来の取り組み内容と是正課題
- CSR関連の国内外のフレームワークやイニシアチブへの参加

## (3) ステップ③：自社のステークホルダーを特定する

ステップ③では、社会的課題と自社特性の理解を踏まえて、自社の主要なステークホルダーの特定を行う（4章4.4節参照）。これによりステークホルダー・エンゲージメントが容易となる。

### ●ステークホルダー特定の意味と留意点

自社およびグループ会社の意思決定や事業活動によって、関係する個人や組織がどのような影響を受けているのか、あるいはその可能性があるのかを理解できれば、ステークホルダーとの関係性を形成する「利害」を特定することができる。

これはデューデリジェンスの一環であり、自社の意思決定や事業活動が及ぼす直接・間接の影響を特定することは、自社のステークホルダーの特定につながる。このことは、ステークホルダーの属性やCSRに関わる利害や懸念を把握することでもあるが、それらは当該地域の社会的・環境的課題そのものであることが多く、自社のCSR課題となる可能性が高い。

企業にはさまざまなステークホルダーがいる。ここで留意すべきは、筆者が「目に見えないステークホルダー」と呼ぶ存在である。目に見えるステークホルダーがそのすべてではなく、むしろ、その多くは組織化されず、見過ごされている。例えば、地球環境問題で言えば将来世代であり、サプライチェーンで言えば二次サプライヤーの従業員である。このことから、彼らの声を代弁する、社会的・環境的課題に真摯に取り組むNPOなどは、重要なステークホルダーとなる。日本企業の多くは、目に見えるステークホルダーへの対応が中心となってはいないだろうか。

●ステークホルダーを特定するための基準

上述した状況の中で、自社グループの主要なステークホルダーを自ら特定するには、以下のような判断基準が考えられる。

- バリュー（サプライ）チェーンを含めて、自社グループの事業活動により直接・間接に影響を受ける人々や組織
- 自社グループの意思決定や事業活動に対して懸念を表明する人々や組織
- 自社グループに法的義務のある人々や組織
- 個別の影響に対して、自社グループを支援できる人々や組織

## 7.5 【第二段階】自社の重要なCSR課題を特定する

本節では、【第二段階】の「自社の重要なCSR課題を特定する」ためのステップ④からステップ⑥までを説明する。これらのステップは、CSR経営の根幹をなす枠組みとCSR課題を決定する重要なものである。

### (1) ステップ④：社会的課題と自社事業の関連性を判断する

ステップ④では、自社のCSR課題を自ら特定するための前処理として、社会的課題と自社事業にはどのような関連性があるのかを判断する[※57]。これは、自社事業が社会や環境に及ぼす影響を考えることにほかならず、CSRデューデリジェンスそのものである。ただし、現実には、本項の「関連性の判断」を飛ばして、次項の「重要性の判断」だけを行っているケースも多く、注意が必要である。

●関連性の判断

ステップ①で述べたように、ISO26000の36ある実践課題については、必ずしもすべてがあらゆる企業に関係する訳ではない。そこでステップ④では、各中核主題の中でどの実践課題が自社事業（グループ会社とサプライチェーンを含む）と関連性があるのかどうかを判断する。

---

※57 ISO26000の英語原文では「7.3.2.1 determining relevance」である。

ISO26000の実践課題やGRI・G４の側面は、企業の事業活動に伴って直接・間接に関連する可能性のある社会的課題を、CSR課題として実践的側面から表現されたものである。このステップ④は、ステップ⑤の「自社のマテリアルなCSR課題を特定する」とステップ⑥の「CSR経営の範囲を決定する」ための基礎的かつ重要な準備であり、以下の作業を行う。

- ステップ②で再確認した自社と海外を含むグループ会社やサプライチェーンを対象に、それぞれの意思決定と事業活動がどの実践課題やどのステークホルダーに関連するか幅広く検討する。
- 自社とグループ会社やサプライチェーンの事業活動が、ステークホルダーの利害や社会的課題にどのような影響（特にマイナス）を及ぼしているか、将来に可能性があるかを分析する。図表７-６と７-７は、ISO26000の実践課題とGRI・G４の側面を基準にした自社事業との関連性を一覧表（イメージ）にしたものであるが、「CSRデューデリジェンス・チェックリスト」と呼ぶこともできる。
- 逆に、ステークホルダーの利害や社会的課題が、自社の意思決定や事業活動、あるいは経営計画にどのような影響を与えるのかについても分析する（６章6.3節参照）。
- さらに、日々の事業活動におけるCSR課題だけでなく、事件・事故などの非常事態に想定されるCSR課題も検討する。

**●関連性の判断における留意点**
　社会的課題と自社事業の「関連性の判断」では、CSRに関する分析や判断の客観性・透明性と法令順守に関して、次の３点に留意する必要がある。グローバル時代にあっては、いずれも当然認識しておくべきことであるが、日本型CSRの発想からは出てこない。

①**ステークホルダー・エンゲージメント**
　企業は自らのCSR課題を理解しているつもりでも、見落としがあるかもしれない。そこで、デューデリジェンスの実施に当たっては、自社のCSRの視野を広げ、客観性と透明性を高めるために、関連性の判断にステークホルダーに関与してもらうことを検討すべきである。

②**新興国や途上国で準拠すべきソフトロー**
　国や地域によっては法令（ハードロー）が整備されていても、CSR課題の一部が規制されていない、規制が十分に施行されていない、あるいは条文や記述が明確でないことがある。そのような場合に、"現地の法令順守"で済まされるであろうか。特に新興国や途上国では、サプライチェーンのCSRリスク（人権・労働、環境汚染など）の観点からも、国際行動規範[※58]など（ソフトロー）に準拠して判断・行動すべきである。

③**先進国でも求められる"単なる法令順守"を超えた行動**
　上記との関連で、法令が整備されている先進国でも、法の精神に応えようとすれば、"単なる法令順守"を超えた行動（Beyond Compliance）が必要となることもある。法令順守は最低限の義務であり、それを超えたところに社会的責任の意味がある。分かりやすい事例で言えば、環境汚染物質の排出規制値を超えた削減努力やゼロ・エミッション（廃棄物や温室効果ガスなどの排出ゼロをめざすこと）、あるいは従業員のワーク・ライフ・バランス促進のための労働法令基準を超えた制度の創設などがある。

---

※58 中核的労働基準のILO新宣言、国連グローバル・コンパクト、OECD「多国籍業
　　行動指針」、国連「ビジネスと人権に関する指導原則」など。

7章 本来のCSRを経営に落とし込む方法

## 図表7-6：社会的課題と自社事業の関連付けイメージ（ISO26000準拠）

| 中核主題 | 実践課題（Issues） | 自社・グループ | サプライチェーン |
|---|---|---|---|
| 企業統治 | （社会的責任を果たすための意思決定プロセス） | ○ | ○ |
| 人権 | ①人権デューデリジェンス（問題発見プロセス） | ○ | ○ |
| 人権 | ②人権に関する危険な状況の認識 | ○ | ○ |
| 人権 | ③加担の回避（他者の人権侵害の見過ごしも不可） | ○ | ○ |
| 人権 | ④人権に関する苦情の解決 | ○ | ○ |
| 人権 | ⑤差別および社会的弱者（機会均等の認識） | ○ | ○ |
| 人権 | ⑥市民的・政治的権利 | -- | -- |
| 人権 | ⑦経済的・社会的・文化的権利 | -- | -- |
| 人権 | ⑧労働における基本的原則と権利 | ○ | ○ |
| 労働慣行 | ①雇用および雇用関係 | ○ | ○ |
| 労働慣行 | ②労働条件および社会的保護 | ○ | ○ |
| 労働慣行 | ③社会的対話（労組との関係） | ○ | ○ |
| 労働慣行 | ④労働における安全衛生 | ○ | ○ |
| 労働慣行 | ⑤職場における人材育成および訓練 | ○ | ○ |
| 環境 | ①環境汚染の予防 | ○ | ○ |
| 環境 | ②持続可能な資源の使用 | ○ | ○ |
| 環境 | ③気候変動の緩和と適応 | ○ | ○ |
| 環境 | ④環境保護、生物多様性、自然生息地の回復 | ○ | -- |
| 事業慣行 | ①汚職防止 | ○ | ○ |
| 事業慣行 | ②責任ある政治的関与 | ○ | -- |
| 事業慣行 | ③公正な競争 | ○ | ○ |
| 事業慣行 | ④バリューチェーンにおける社会的責任の推進 | ○ | ○ |
| 事業慣行 | ⑤財産権の尊重 | ○ | ○ |
| 消費者課題 | ①公正なマーケティング、情報および契約慣行 | ○ | ○ |
| 消費者課題 | ②消費者の安全衛生の保護 | ○ | -- |
| 消費者課題 | ③持続可能な消費 | ○ | -- |
| 消費者課題 | ④消費者サービス、支援、苦情および紛争解決 | ○ | -- |
| 消費者課題 | ⑤消費者データとプライバシーの保護 | ○ | -- |
| 消費者課題 | ⑥必要不可欠な公共サービスへのアクセス | -- | -- |
| 消費者課題 | ⑦消費者教育と認識向上 | -- | -- |
| コミュニティー参画・開発 | ①コミュニティー参画 | ○ | ○ |
| コミュニティー参画・開発 | ②教育と文化 | ○ | -- |
| コミュニティー参画・開発 | ③雇用創出と技能開発 | ○ | -- |
| コミュニティー参画・開発 | ④技術開発と技術へのアクセス | -- | -- |
| コミュニティー参画・開発 | ⑤富と所得の創出（付加価値の分配） | ○ | -- |
| コミュニティー参画・開発 | ⑥地域の健康（公衆衛生） | ○ | ○ |
| コミュニティー参画・開発 | ⑦社会的投資 | ○ | -- |

（注）表中の○は、自社事業と関連性がある「実践課題」をイメージ的に示す。
（資料）ISO26000英語原文を基に筆者作成

**図表7-7:社会的課題と自社事業の関連付けイメージ（GRI・G4準拠）**

| カテゴリー | 側面（Aspects） | 自社・グループ | サプライチェーン |
|---|---|---|---|
| 経　済<br>（財務指標にあらず） | ①経済的パフォーマンス（価値創出と分配） | ○ | ○ |
| | ②地域での存在感（賃金水準、地元採用） | ○ | ○ |
| | ③間接的な経済影響（インフラ投資など） | ○ | ○ |
| | ④地元サプライヤーへの発注 | ○ | ○ |
| 環　境 | ①原材料（再生可能性の向上） | ○ | ○ |
| | ②エネルギー（消費量の削減） | ○ | ○ |
| | ③水（取水量の削減、水源保護） | ○ | ○ |
| | ④生物多様性（プロセス・プロダクトの影響） | ○ | ○ |
| | ⑤大気への排出（温室効果ガスを含む） | ○ | ○ |
| | ⑥排水および廃棄物、土壌汚染 | ○ | ○ |
| | ⑦製品およびサービス（環境影響の緩和） | ○ | ○ |
| | ⑧環境コンプライアンス | ○ | ○ |
| | ⑨輸送・移動における環境負荷低減 | ○ | ○ |
| | ⑩環境マネジメント、環境コスト | ○ | ○ |
| | ⑪サプライヤーの環境取り組み促進 | ○ | ○ |
| | ⑫環境に関する苦情処理 | ○ | ○ |
| 社　会<br>（労働慣行とディーセント・ワーク） | ①雇用（従業員の定着促進） | ○ | ○ |
| | ②労使関係（労働協約） | ○ | ○ |
| | ③労働安全衛生 | ○ | ○ |
| | ④従業員の教育研修 | ○ | ○ |
| | ⑤役職員の多様性と従業員の機会均等 | ○ | ○ |
| | ⑥男女の同一価値労働・同一報酬 | ○ | ○ |
| | ⑦サプライヤーの労働慣行の評価 | ○ | ○ |
| | ⑧労働に関する苦情処理 | ○ | ○ |

# 7章　本来のCSRを経営に落とし込む方法

| カテゴリー | 側面（Aspects） | 自社・グループ | サプライチェーン |
|---|---|:---:|:---:|
| 社　会<br>（人　権） | ①投資協定や契約での人権スクリーニング | ○ | ○ |
| | ②雇用・職業における差別撤廃 | ○ | ○ |
| | ③結社の自由と団体交渉の承認 | ○ | ○ |
| | ④児童労働の根絶 | ○ | ○ |
| | ⑤強制労働の撲滅 | ○ | ○ |
| | ⑥保安業務における人権尊重 | ○ | ○ |
| | ⑦先住民の権利擁護 | ○ | ○ |
| | ⑧人権レビューや影響評価 | ○ | ○ |
| | ⑨サプライヤーの人権尊重 | ○ | ○ |
| | ⑩人権に関する苦情処理 | ○ | ○ |
| 社　会<br>（社　会） | ①地域コミュニティへの影響 | ○ | ○ |
| | ②腐敗（贈収賄）や利益相反の防止 | ○ | ○ |
| | ③政治団体への支援と献金 | ○ | -- |
| | ④反競争的行為や独占的慣行の廃止 | ○ | ○ |
| | ⑤全般的な法令順守 | ○ | ○ |
| | ⑥サプライヤーの社会的影響の評価 | ○ | ○ |
| | ⑦社会への影響に関する苦情処理 | ○ | ○ |
| 社　会<br>（製品責任） | ①顧客の安全衛生 | ○ | ○ |
| | ②製品・サービスの情報とラベリング | ○ | -- |
| | ③適切なマーケティング | ○ | -- |
| | ④顧客・消費者のプライバシー保護 | ○ | ○ |
| | ⑤製品に関する法令順守 | ○ | ○ |

（注1）表中の○は、自社事業と関連性があるGRIの「側面」をイメージ的に示す。
（注2）ISO26000とGRI・G4は整合性が図られているので、どちらを採用してもよいが、両方を参考にして自社独自の一覧表を作成することも考えられる。
（資料）GRI・G4を基に筆者作成

## (2) ステップ⑤：自社のマテリアルなCSR課題を特定する

ステップ⑤では、自社事業と関連性のある社会的課題の中で、どれにマテリアリティ（重要性）[※59]があるかを判断し、自らの重要なCSR課題として特定する。一連の作業の中で中心的なステップである。

### ●重要性の判断[※60]と判断基準の策定

ステップ④で自社の事業活動と関連性があると判断した実践課題の中で、どの課題が自社にとって重要で意味があるのかを判断し特定する。そのためには、重要性を判断するための基準を策定する必要がある。

この「重要性の判断基準」には、ステークホルダーの視点と企業の視点の両面があり、それぞれ以下のような事項が考えられる。

### ①ステークホルダーの視点から見た「重要性の判断基準」(例示)

- ステークホルダーの利害に対する影響や懸念の程度
- ステークホルダーの自社事業への依存度についての認識
- ステークホルダーのいる国・地域における社会的課題の深刻度
- ステークホルダーのCSR課題への取り組みに対する期待の程度

### ②企業の視点から見た「重要性の判断基準」(例示)

- 自社事業が社会や環境へ及ぼす影響の発生可能性と大きさ
- 特定のCSR課題から発生するリスクとチャンスの可能性
- 同業種内の主要テーマと将来のCSR課題
- 自社の中長期的な業績に与える影響や効果の大きさ
- 自社の経営戦略、中期経営計画などとの整合性

---

※59 GRI・G4の報告原則の一つであるマテリアリティ(materiality)は、重要性ないし重要課題と訳される。その定義は、「企業が経済・環境・社会に与える影響の著しさ」と「ステークホルダーの評価や意思決定に与える実質的な影響」である。
※60 ISO26000の英語原文では、「7．3．2．2 determining significance」である。

7章　本来のCSRを経営に落とし込む方法

> **コラム25**　花王のCSR重要課題（マテリアリティ）の特定方法
>
> 　花王グループは、事業を通じた社会のサステナビリティへの貢献を進めるために、CSR重要課題を次のような特定プロセスと視点により、3つの重点領域「エコロジー」「コミュニティ」「カルチャー」を選定した。これが「花王サステナビリティステートメント」につながる。
>
> ■CSR重要課題の特定プロセス
> - 現状の把握（認識する社会的課題と取り組み状況）
> - ステークホルダーの意見、社会の要請の把握
> - 事業戦略の視点からの重要性検討
> - 重要課題の決定
>
> ■CSR重要課題を特定する5つの視点
> - 「花王ウェイ」との適合
> - 中長期の経営計画との連動
> - 社会にとっての課題解決の必要性
> - 課題解決に向けて花王グループに有効なリソースがあるか
> - 花王グループの持続可能性への影響度
>
> （資料）花王グループ「花王サステナビリティレポート2014」（12ページ）を参照

## ●重要性がある共通のCSR課題の例示

　企業にとってマテリアルなCSR課題は、製品・サービス、操業地や販売地、あるいはサプライチェーンの特性など、その業種特性によって異なる。しかしながら、業種を問わず共通するマテリアルなCSR課題も少なくない。そこで、国内だけでなくグローバルな事業展開を背景に、社会的課題との関連で一般的に共通して重要性があると考えられるCSR課題を挙げると、以下の通りである。

**業種を問わず重要性があると考えられるCSR課題**
- 社会的責任に配慮した企業統治
- 国際的な企業行動規範との整合

183

- 法令順守の徹底、贈収賄などの腐敗防止
- 潜在的な人権侵害や加担の回避
- 差別的な雇用条件や過酷な労働条件の撤廃
- 従業員や労働者の結社の自由および団体交渉権の承認
- 生命や健康を害する恐れのある労働慣行の廃止
- 環境に悪影響を及ぼす恐れのある事業慣行の廃止
- 雇用または従業員のダイバーシティ
- 従業員のワーク・ライフ・バランスに配慮した就業制度

なお、経済産業省の調査[※61]では、経済のグローバル化が加速する中で、今後、日本企業が注目すべき重要なCSR課題(社会的課題)として、以下のような具体的な11項目を挙げている。そのうえで、業種によるビジネス上のリスク・チャンスへの影響度の違いとともに、将来的なリスクの高まりには留意する必要があると指摘する。

- 新興国における労働問題
- 先住民の生活および地域社会
- 水ストレスの高い地域にかける水リスク
- 腐敗防止(国際カルテルを含む)
- 食品サプライチェーンにおけるトレーサビリティ
- 紛争鉱物
- 消費財における有害物質
- 気候変動による経済的影響
- 租税回避
- 再生可能エネルギーに関する事業機会および省エネへの取り組み
- 取締役および従業員の多様性

---

※61 経済産業省「国際的な企業活動におけるCSR(企業の社会的責任)の課題とそのマネジメントに関する調査報告書」(2014年5月)。

## コラム26　富士フイルムのCSR重要性評価マップ

　富士フイルムグループは、持続可能性に関する課題をリストアップ（本書で言う関連性の判断）したうえで、「富士フイルムグループに与える影響度」と、法令順守、業界基準、社会の期待や要請に対応したことで社会から受ける「対応の評価度」による2軸で、重要性評価マップを作成し、CSR重点課題の設定を行っている。

　中期経営計画の達成を支え、事業の成長と環境・社会への影響低減の両立、企業価値の向上をめざすものとして、気候変動問題、化学物質管理、人材育成、情報開示と対話、社会・文化貢献、生物多様性を中心に12のCSR重点課題を設定し、さらに後述する「中期CSR計画」を策定した。

### 図：CSR推進における「重要性」評価マップ

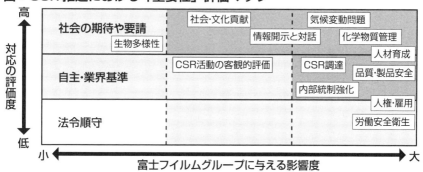

（資料）富士フイルムホールディングスホームページ「サスティナビリティ・レポート2013」26ページを基に筆者作成

## コラム27　NECの7つのCSR優先課題

　NECは、ステークホルダーや社会にとって重要で優先度が高い課題やニーズを明確にし、自社の中期成長戦略などと照合して、持続可能な発展に向けて優先的に取り組む7テーマを抽出した。

■優先課題の判断基準

| ステークホルダー・社会の関心 | NECの視点 |
|---|---|
| ・顧客や社会の関心<br>・CSR活動への外部意見<br>・SRI調査機関からの指摘<br>・CSRの規格化　など | ・NEC Way<br>・企業価値の最大化<br>・事業活動が社会や環境に与える影響　など |

■事業活動を通して、社会的課題を解決しニーズに変える4つの取り組み
- 信頼性の高い情報通信インフラの構築
- 気候変動（地球温暖化）への対応と環境保全
- 安全・安心な社会づくり
- すべての人がデジタル社会の恩恵を享受

■事業活動を支える社内マネジメントの3つの取り組み
- 顧客との信頼関係の構築
- 働きやすい職場づくりとグローバルな人材育成
- リスクマネジメントの強化とコンプライアンスの徹底

（資料）NECのホームページ「CSRへの取り組み」を基に筆者作成

## (3) ステップ⑥：CSR経営の範囲を決定する

　ステップ⑥では、自社のマテリアルなCSR課題に対応するべく、自社のCSR経営の範囲（バウンダリー）を決定する。それには、広義と狭義がある。

### ●経営範囲とバリューチェーンから考える広義のバウンダリー

　企業が他者に及ぼすCSRに関わる影響は、経営への発言力あるいは取引関係の強弱や地理的な距離などさまざまな要因に左右される。それゆえ、企業がCSR経営としてカバーすべき範囲は、大きく経営範囲（資本関係）とバリューチェーン（契約関係）の2軸から考えることができる（図表7-8参照）。

　この2軸で構成される領域は、ステップ④で判断した自社特性と関連性のある社会的課題に対応するべき（CSRリスクとして大きく視野に入れておくべき）CSR経営の「広義のバウンダリー」と位置付けることができる。2軸の意味は、それぞれ以下の通りである。

## 図表7-8：CSR経営の「広義のバウンダリー」を考える2つの軸

| バリューチェーン | | | 単独 | 国内連結 | 海外連結 | 海外合弁 |
|---|---|---|---|---|---|---|
| 上流 調達 | 採掘・伐採者 | ⎫<br>⎬ サプライチェーン<br>⎭ | | | | |
| | 原材料生産者 | | | | | |
| | 素材・部品製造者 | | | | | |
| | サービス提供者 | | | | | |
| | 請負事業者 | | | | | |
| | 自社事業（製品製造・サービス提供） | | 単独 | 国内連結 | 海外連結 | 海外合弁 |
| 下流 輸送 | 物流事業者 | ⎫<br>⎬ デマンドチェーン<br>⎭ | | | | |
| 販売 | 流通事業者 | | | | | |
| 利用・使用 | 顧客・消費者 | | | | | |
| 回収・廃棄 | 回収・処理事業者 | | | | | |

経営範囲 →

（資料）筆者作成

### ①CSR経営のバウンダリーの第一軸：経営範囲（資本関係）

　他社の統治機構に関する所有権に基づき、自社単独を超えて国内外の連結会社や関連会社、さらに海外の現地法人や合弁会社などが対象となる[※62]。しかし、海外のグループ会社や現地法人は、意外と見逃されている（手付かずの状態）。CSRリスクの観点から見ると、海外では自社の名前を冠した子会社は"自社そのもの"と見なされ、自社に対して責任が直接的に追及されることがある。

### ②CSR経営のバウンダリーの第二軸：バリューチェーン（契約関係）

　企業間の取引関係の多くは、製品・サービスの受発注の契約により規定される。従来からの取引関係の深さ・広がりにもよるが、契約当事者は相互に重要な位置にある。ここで留意すべきことは、グローバルに広がるバリューチェーンの中で、特にサプライチェーンのCSRリスクである（3章3.2節参照）。それは直接的な契約関係にある一次サプライヤーよりも、むしろその発注先で

---

[※62] CSR経営の範囲は、経営範囲（資本関係）では本来「連結」が基本である。
　　　GRI・G4は、事業体グループ（連結）を「組織内」と明確に位置付けている。

あるより上流の二次・三次サプライヤーで発生することが多い。

### ●マテリアルなCSR課題に対応する狭義のバウンダリー

他方、特定した自社のマテリアルなCSR課題のバウンダリーは、「狭義のバウンダリー」となるが、CSR課題によって異なる。そのバウンダリーを特定するためには、個別のCSR課題の原因となる自社事業が及ぼす「影響」の範囲を特定する必要がある。

言うまでもなく、この"マテリアルな影響"はすべての経営範囲、すべてのバリューチェーン、すなわち広義のバウンダリー全体で生じる訳ではない。そこで、その影響がどこで誰に対してどのように発生するのか潜在的・間接的・長期的・非意図的な視点から分析することが肝要である（図表7-9参照）。このことは、よりCSRリスクの高いバウンダリーを特定することでもあり、次のステップ⑦の優先順位付けにも生かされる。

### ●自社の影響力の範囲

CSR経営のバウンダリーに関連して、ISO26000（5.2.3）は次のように述べている。「企業は、正式であれ事実上であれ、自らがコントロールできる意思決定と事業活動が他者に及ぼす影響に対して責任がある。このような影響は広範囲に及ぶ」。つまり、企業は自社と関係のある他者による行動の結果にも責任が及ぶが、一方でその他者に対して、その改善や予防に関する影響力を行使することができる。その範囲を企業の「影響力の範囲[※63]」と呼んでいる。後述の【運用段階】では、この影響力の行使が求められる。

なお、今後、日本企業がグローバルな事業展開をより積極的に進めようとするならば、特にCSRリスクに関わるグローバルかつ適時適切な情報収集と意思決定の円滑化・迅速化のために、主要海外拠点を含むCSR推進体制（ネットワーク）も、上述した広義・狭義のCSRバウンダリーに適応できるように（再）構築する必要がある。

---

※63 ISO26000英語の原文では「7.3.3 sphere of influence」である。

7章　本来のCSRを経営に落とし込む方法

## 図表 7-9：CSR 経営の「狭義のバウンダリー」の例示（イメージ）

### 【児童労働の場合】

| バリューチェーン | | | 単独 | 国内連結 | 海外連結 | 海外合弁 |
|---|---|---|---|---|---|---|
| 上流 | 調達 | 採掘・伐採者 | | | ■ | ■ |
| | | 原材料生産者 | | | ■ | ■ |
| | | 素材・部品製造者 | | | ■ | ■ |
| | | サービス提供者 | | | ■ | ■ |
| | | 請負事業者 | | | ■ | ■ |
| | 自社事業（製品製造・サービス提供） | | 単独 | 国内連結 | 海外連結 | 海外合弁 |
| | 輸送 | 物流事業者 | | | ■ | ■ |
| | 販売 | 流通事業者 | | | | |
| | 利用・使用 | 顧客・消費者 | | | | |
| 下流 | 回収・廃棄 | 回収・処理事業者 | | | | |

経営範囲 →

### 【大気汚染の場合】

| バリューチェーン | | | 単独 | 国内連結 | 海外連結 | 海外合弁 |
|---|---|---|---|---|---|---|
| 上流 | 調達 | 採掘・伐採者 | | | | |
| | | 原材料生産者 | ■ | ■ | ■ | ■ |
| | | 素材・部品製造者 | ■ | ■ | ■ | ■ |
| | | サービス提供者 | | | | |
| | | 請負事業者 | | | | |
| | 自社事業（製品製造・サービス提供） | | 単独 | 国内連結 | 海外連結 | 海外合弁 |
| | 輸送 | 物流事業者 | ■ | ■ | ■ | ■ |
| | 販売 | 流通事業者 | ■ | ■ | ■ | ■ |
| | 利用・使用 | 顧客・消費者 | | | | |
| 下流 | 回収・廃棄 | 回収・処理事業者 | | | | |

経営範囲 →

（資料）筆者作成

## 7.6 【第三段階】重要なCSR課題を経営に組み込む

本節では、落とし込みの最終段階である【第三段階】の「重要なCSR課題を経営に組み込む」ためのステップ⑦からステップ⑨までを説明する。「本来のCSR」の経営への落とし込み作業は、「CSR長期ビジョン」の実行計画である「CSR中期計画」の策定を持って完了する。

### (1) ステップ⑦：マテリアルなCSR課題に優先順位を付ける

ステップ⑤で特定したマテリアルなCSR課題について、ステークホルダーと企業の両方の視点から優先順位を付ける。それを「マテリアリティ・マッピング」として"見える化"する。

●優先順位の決定と判断基準の明確化

企業全体にCSRを効果的かつ円滑に落とし込むために、ステップ⑤で特定した自社の「マテリアルなCSR課題」について自ら優先順位を付ける。この優先順位の判断においては、ステップ⑤の「重要性の判断基準」を踏まえつつ、各マテリアルなCSR課題について、緊急性、取り組みの効果や自社事業への影響などを検討する。

その際にはステークホルダー・エンゲージメントが望ましいが、優先順位を判断するための基準を明確にしておく必要がある。具体的には以下のような事項が考えられる（ただし、優先順位は時間とともに変化するため、その判断基準も一定間隔で見直しが必要）。

▷マテリアルなCSR課題に対する「優先順位の判断基準」(例示)
- CSRのベストプラクティスと比較した自社の取り組み内容
- 国際的な企業行動規範と比較した自社の取り組み状況
- 自社の長期経営戦略や中期経営計画への影響
- 投入する経営資源と期待できる改善などの費用対効果
- 取り組みの容易さ、改善効果が出るまでの期間
- CSRリスクの発生頻度と大きさ、自社事業へのインパクト

7章　本来のCSRを経営に落とし込む方法

　他方、上記の優先順位の判断基準と関連しつつも、CSRリスク・チャンスを考慮して、以下のように時間軸を持ってマテリアルなCSR課題の達成時期を短期・中期・長期に仕分けすることも効果的である。これがステップ⑨の「CSR長期ビジョン・目標」や「CSR中期計画」に反映される（6章6.3節②ⅱ）参照）。

▷**CSR課題の達成時期から見た「優先順位の判断基準」(例示)**
- 短期課題：即時着手し、1～2年で成果を出す
- 中期課題：取り組み内容を明確にし、3～5年以内に成果を出す
- 長期課題：取り組みの方向性を明確にし、5～10年で成果を出す

◉**優先順位を示すマテリアリティ・マッピング**

　マテリアルなCSR課題の優先順位を視覚的に表現する方法として、「ステークホルダーから見た優先順位」と「企業から見た優先順位」の2軸による"見える化"がある。筆者の造語ながら、これを「マテリアリティ・マッピング」と呼ぶ。

　軸の考え方や名称は企業によって少し異なるが、この手法は既に一部の日本企業では採用されている（CSR報告書の編集方針などに記載されている）。GRI（G4-18）では、2軸の名称をそれぞれ「ステークホルダーの評価および意思決定への影響」「組織の経済・環境・社会的影響の著しさ」としている[64]。これはGRI・G4の「マテリアリティ原則」にほかならない。

　図表7-10は、ある仮想企業のマテリアルなCSR課題の優先順位をマテリアリティ・マッピングとして例示したものである。横軸に「企業から見た優先順位」を取り、本業の中期経営計画を基本尺度とする。縦軸は操業地域の社会的課題の深刻度を含む「ステークホルダーから見た優先順位」である。それぞれの軸上で優先順位を3区分[65]（低い・中程度・高い）すると、2軸により複数の領域（AからE）が形成される。

---

※64 GRI・G4は、報告書への記載判断のために、各軸に閾値（しきいち）という基準値を設定して、側面（CSR課題）のマテリアリティを判断することを求めている。
※65 GRI・G4（図6）では各軸を2区分している。企業によっては、4区分もある。

図表7-10の領域Aはステークホルダーと企業の双方から優先順位が高く、議論の余地はないが、どちらか一方しか優先順位が高くない領域Bや領域Cをどのように考えるべきであろうか。自社の経営戦略や顕在化しつつある社会的課題のビジネスインパクトなど、時間軸を持って戦略的に判断することが必要である。なお、図表7-10を中核主題ごとに優先順位別に一覧表にすると、図表7-11のようになる。

## 図表7-10：CSR課題のマテリアリティ・マッピング（イメージ）

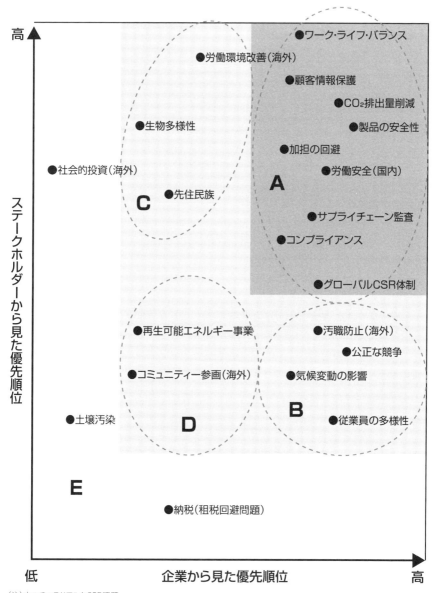

（注）すべてマテリアルなCSR課題。
　　　「重要性の判断」において優先順位を同時に特定することもある。
（資料）筆者作成

**図表7-11：マテリアルな CSR 課題の優先順位一覧（イメージ）**

| 中核主題 | マテリアルなCSR課題の総合的な優先順位 | | | |
|---|---|---|---|---|
| | 領域A | 領域B | 領域C | 領域D & E |
| 企業統治 | グローバルCSR体制 | -- | -- | -- |
| 人権 | 加担の回避 | -- | 先住民族 | -- |
| 労働 | ワーク・ライフ・バランス | 従業員の多様性 | 労働環境改善(海外) | -- |
| | 労働安全(国内) | -- | -- | -- |
| 環境 | $CO_2$排出量削減 | 気候変動の影響 | 生物多様性 | 再生可能エネルギー事業 |
| | -- | -- | -- | 土壌汚染 |
| 事業慣行 | サプライチェーン監査 | 公正な競争 | -- | 納税(租税回避問題) |
| | コンプライアンス | 汚職防止(海外) | -- | -- |
| 消費者課題 | 顧客情報保護 | -- | -- | -- |
| | 製品の安全性 | -- | -- | -- |
| コミュニティー参画 | -- | -- | -- | コミュニティー参画(海外) |
| | -- | -- | -- | 社会的投資(海外) |

(資料)図表7-10を一覧表として再掲

## (2)ステップ⑧：CSR経営を体系化し、KPIを策定する

　ステップ⑦で確定した優先順位のあるマテリアルなCSR課題を踏まえ、CSR経営の明確な方向付けのために「CSR経営の体系化」を行う。併せて、それを具体化するために、マテリアルなCSR課題ごとの定量的なKPIを策定する。

### ●本来のCSR経営の体系化

　ステップ⑦で決定した優先順位のあるマテリアルなCSR課題を実践に移すためには、企業として「本来のCSR経営」の明確な方向付けが不可欠である。そのためには、社会的課題から自社の事業特性を問い直す「社会基点アプローチ」と自社の長期経営ビジョン（めざす姿）を融合させた「CSR経営の体系化」が前提となる[66]。

　CSR経営の方向性を最終的に決定するのは、持続可能な社会の実現に向けた長期的な価値創造の経営戦略に基づく、「本来のCSR経営」に対する企業とし

---

[66] この考え方は、GRI・G4の報告内容に関する原則「持続可能性の文脈（Sustainability Context）」に相当する。詳細は後述する。

ての意思決定である。実際に自社のマテリアルなCSR課題を経営理念や長期経営ビジョンと連動させて、CSR経営を体系化するためには、以下のような方法が有効である。

▷マテリアルなCSR課題を踏まえた「CSR経営の体系化」のために
- 企業のめざす姿を示す経営ビジョンに、本業において社会的課題を解決し、持続可能な社会の実現に向けた貢献を明記する。
- 企業の使命に関する声明に、「本来のCSR」の決意を表明する。
- 企業行動規範や倫理規程にCSRの原則を明確に組み込む。
- 中期経営計画にマテリアルなCSR課題と実践項目を明記する。
- CSR経営の中長期目標達成のための「CSR中期計画」を策定する(次項で詳述)。

最近になって、従来のCSR体系を見直す日本企業が増えている[67]。ここで「CSR経営の体系化」について、タイプの異なる先進事例を3つ紹介しよう。いずれも「本来のCSR」を理解したうえで、グローバルな社会構造の変化の中で、本業を通じた社会的課題の解決と社会・環境の持続可能性への貢献にコミットし、同時に自社の企業価値を高めようとするものである。

一つは花王の「花王サステナビリティステートメント[68]」である。社会が大きく変化し、事業活動もグローバルに拡大する中で、事業活動を通じていかに社会的責任を果たし、いかに社会のサステナビリティへ貢献するかという方向性を明確にするために、2013年に策定された。これは同社の企業理念である「花王ウェイ」の"よきモノづくり"を原点として、CSR経営の考え方、取り組むべき重要課題を表明したものである。具体的には、以下のような3つの重点領域とともに、それぞれの取り組み分野を特定した。

---

※67 ユニークな海外事例としては、ネスレのCSRとCSVを融合させた「社会ピラミッド」がある。
※68 花王グループ「花王サステナビリティレポート2014」(12〜14ページ)を参照した。

- エコロジー(環境負荷の低減、生物多様性の配慮)
  - ライフサイクル全般の環境負荷の低減
  - ステークホルダーと連携した環境活動
- コミュニティ(世界のコミュニティの課題の解決)
  - 事業を通じたコミュニティへの積極的な関わり
  - 社会的活動を通じたコミュニティとのパートナーシップ
- カルチャー(誠実な事業活動、社員の多様性の尊重)
  - 健全な事業活動
  - ダイバーシティ＆インクルージョン

　2つ目の事例は、富士フイルムの持続可能な社会に向けて新たな価値の創造をめざす「新しいCSRの考え方[※69]」である。これは2006年制定の「CSRの考え方」を社会の変化に合わせて、2014年2月に改定したもので、より積極的に社会的課題の解決への貢献を図るべく、従来からの法令順守や社会要請に応じた企業市民としての責任を果たすCSR活動に、以下の2点[※70]を加えた。なお、この考え方を踏まえて、2014年5月には「中期CSR計画 Sastainable Value Plan 2016（2014〜2016年度）」(後述) が策定された。

- グローバルおよび地域のさまざまな環境・社会課題を認識し、事業活動を通して、その解決に向けた価値を提供する。
- 自社の事業プロセスが環境・社会に与える影響を常に評価し、その継続的な改善を進めるとともに、社会にポジティブな影響を広める。

　3つ目の事例は、「論語と算盤」を企業理念とする清水建設のCSR経営の体系化ないし全体像[※71]である。そのCSRの基本的な考え方は、建設業を取り巻く社会状況の変化の中で、CSRを事業と一体のものとして推進し、建設業の特質を生かしたCSRを担うことである。そこで、まず自社の「めざす姿」を明確

---

[※69] 富士フイルムホールディングス「Sustainability Report2013」(25ページ)を参照した。
[※70] 筆者の提唱する「第一CSRと第二CSRの両輪関係」(図表5-1参照) とも共通する考え方である。
[※71] 清水建設「シミズCSR報告書2013」(4〜5ページ) を参照した。同報告書は2013年度の環境省「第17回環境コミュニケーション大賞」で「持続可能性報告大賞」を受賞した。

にしたうえで、社会的課題との関連を考慮してCSR経営の三本柱である「CSR活動の基盤」を確立した。そのうえで、それぞれに対応する取り組み方針を含む「2020年の目標」を設定し、具体的な9つの「活動項目」に落とし込んだ。3つのCSR活動の基盤とそれぞれの活動項目は以下の通りである。

- **公正で透明な事業活動**：
  企業統治、公正な事業慣行、情報開示
- **社会や顧客の期待を超える価値の実現**：
  安全・安心、最適品質の提供、地球環境への貢献
- **社会との共生**：
  人権への配慮、労働環境の向上、社会貢献活動

### ●マテリアルなCSR課題のKPIを策定する

4章4.4節でISO26000のフレームワークに準拠した日本企業の先進的なKPI体系を紹介したが（図表4-4、4-5参照）、KPIの導入は定性的な評価になりがちなCSR経営の定量的な目標設定と進捗管理や課題抽出を意味する。つまり、PDCAマネジメントの基本ツールとなる。

そこで、ステップ⑦で特定したマテリアルなCSR課題のKPIを選定する。ただし、一つのCSR課題に複数のKPIが考えられるため、機械的に選ぶと際限なく増えていく。それを避けるためにも、社内外の関係者とのエンゲージメントが必要である。さらにKPIには数値目標も必要であり、後述するように「CSR長期ビジョン」や「CSR中期計画」との関係で、時間軸に沿って判断することになる[※72]。ここで、ユニークなKPIの策定事例を2つ紹介しよう。

東レは、2020年を目標年とする長期経営ビジョン「AP-Growth TORAY 2020」と連動するCSR戦略を策定し、それをCSR中期計画である「CSRロードマップ」という形で具体化している。現在は第五次（2014〜2016年度）となっているが、3年間の目標を明記したうえで、4領域に分けてKPIを策定した（図表7-12参照）。

---

※72 定量的指標が基本であるが、定性的指標との併用も検討する。

**図表7-12:東レグループのCSR課題のKPI(一部)**

| | CSRガイドライン | KPI |
|---|---|---|
| 新価値創造 | 事業を通じた社会的課題解決 | グリーンイノベーション売上高 |
| ガバナンス | 企業統治と経営の透明性 | 情報開示項目の充足率 |
| | 企業倫理と法令順守 | 重大な法令・通達違反件数 |
| | リスクマネジメント | リスクマネジメント設置会社比率 |
| 社会 | 人権推進と人材育成 | 管理職に占める女性比率 |
| | 製品の安全と品質 | 製品事故件数 |
| | サプライチェーンのCSR推進 | CSR調達要請の取引先比率 |
| | コミュニケーション | コーポレートサイト閲覧数 |
| | 社会貢献活動 | 社会貢献支出比(対先年平均) |
| 環境 | 安全・防災・環境保全 | 重大災害・火災・爆発件数 |
| | | GHG排出量削減率 |

(資料)東レ「東レグループCSRレポート 2014」(28~29ページ)を基に筆者作成

　清水建設は、2010年に2020年を目標年とする長期ビジョン「Smart Vision 2020」を策定し、建設事業に加えて3つの事業戦略を明らかにした。それと連動するCSR経営の三本柱(CSR活動の基盤)ごとにKPIを策定した。ただし、不用意に数を増やすことを避けるために、重要なKPIを絞り込んでいる(図表7-13参照)。

### 図表 7-13:清水建設の CSR 課題の KPI(一部)

| CSR 活動の基盤 | 重要評価指標 | その他の評価指標 |
|---|---|---|
| 公正で透明な事業活動 | --- | BCP 訓練参加率 |
| | | コンプライアンス研修受講率 |
| | | 新規事業者への「調達基本方針」等周知率 |
| 社会や顧客の期待を超える価値の実現 | 審査対象論文提出件数 | 総合防災診断適用建物数 |
| | 1990年度比$CO_2$削減率 | 土木学会賞受賞件数 |
| | 建設副産物最終処分率 | 1990年度比$CO_2$削減量 |
| 社会との共生 | 女性管理職数 | 男性育児休職取得数 |
| | 安全衛生 度数率 | 女性育児休職取得数 |
| | --- | 社会貢献活動「目玉プロジェクト」実施状況 |

(資料)清水建設「シミズCSR報告書 2014」(20、26、44ページ)を基に筆者作成

## (3) ステップ⑨:「CSR中期計画」を策定し、企業統治に組み込む

　ステップ⑧でCSR経営の考え方、方向性、KPIが定まり、「本来のCSR」の経営への落とし込みの準備は整った。それらを企業統治に組み込むために、今後の国内外の長期トレンドや社会的課題の変化を見据えて、「長期経営ビジョン」と連動させた"CSR経営のめざす姿"を示す「CSR長期ビジョン」を設定する。そして、その実行計画である「CSR中期計画」を策定する。それぞれ、本来のCSR経営の目的(objectives)と目標(targets)にほかならない。

### ●経営戦略とCSR戦略を連動させる

　ステップ⑦でマテリアルなCSR課題に優先順位を付けたが、達成時期を含めて必ずしも時間軸を踏まえたものではない。そこで、ステップ⑧で定めたCSR経営の考え方、方向性、KPIを総合的に勘案して、現在を起点に例えば10年後の"CSR経営のめざす姿"を考える。つまり、「2025年CSR長期ビジョン」を設定するのである。ただし、ステップ⑧のCSR経営の体系化でも述べたように、予測される2025年時点の事業環境、すなわち世界と日本の社会経済構造や社会

的課題を踏まえて、「CSR長期ビジョン」は本業の「長期経営ビジョン」と連動したものでなければならない。

　なぜならば、時代の大きな変化の中で、企業が経済・環境・社会の将来動向にどう関わろうとしているのかが問われているからである。これは、今後予想される地球・地域レベルでの資源の需要あるいは制約の中で、持続可能性というコンセプトと関連付けて自社のパフォーマンスを考えることでもある。この事業環境の変化を踏まえた経営戦略とCSR戦略との三位一体が「持続可能性の文脈（Sustainability Context）」原則に他ならず、それぞれの実行計画である「中期経営計画」（中計）と「CSR中期計画」（CSR中計）も連動することになる（図表7-14参照）。もちろん、これらは一定間隔で見直す必要があることは言うまでもない。

### 図表7-14：2025年を目標年とした経営戦略とCSR戦略の連動

| 年度 | 2015 | 2016 | 2017 | 2018 | 2019 | 2020 | 2021 | 2022 | 2023 | 2024 | 2025 |
|---|---|---|---|---|---|---|---|---|---|---|---|
| 事業環境 | 世界と日本の社会構造や社会的課題の変化（予測） ||||||||||||
| 経営戦略 | 長期経営ビジョン →　　　　　　　　　　　　　　　　　　　　　　n期中計 →　(n+1)期中計 →　(n+2)期中計 → |||||||||| 企業経営のめざす姿 |
| Sustainability Context | 経営戦略とCSR戦略の連動 ||||||||||||
| CSR戦略 | n期CSR中計 →　(n+1)期CSR中計 →　(n+2)期CSR中計 →　　　　　　　　　　　　　　　CSR長期ビジョン → |||||||||| CSR経営のめざす姿 |

（資料）筆者作成

### ●事業環境の長期トレンドを予測する

　現状では経営戦略として10年を超える「長期経営ビジョン」を設定・公表する企業は決して多くない。しかし、事業環境が不透明で変化の激しい時代だか

らこそ、企業が自らの存在意義を問い直し、めざすべき将来像を描いて、そこに到達するためのバックキャスティング[73]による長期経営ビジョンをステークホルダーに示すことが重要である。そのためには、事業環境として長期トレンドたる世界的な社会構造変化や社会的課題の予測が不可欠となる。

例えば、東芝ではCSRを含む事業展開において期待されるテーマと解決策を特定するに当たり、自社の事業特性を踏まえて、世界の重要課題を以下のような6領域に分類した[74]（コラム28参照）。

### ①資源エネルギー問題
- 新興国での需要急増
- 貧困地域の生命維持に必要な資源の確保と供給

### ②地球環境への配慮
- 地球温暖化防止
- 持続可能な資源有効活用

### ③自然災害への対策
- 大規模災害に対応した事業継続
- 原子力発電所の安定化維持

### ④人口増加と高齢化
- 新興国の人口増加、先進国の少子高齢化
- 医療・教育の充実、社会福祉制度の充実

### ⑤人権への配慮
- サプライチェーンにおける人権・労働環境の改善
- 紛争地域における人権保護

### ⑥情報化社会
- 大容量データへの対応、情報セキュリティの確保
- デジタルデバイドの防止

---

[73] 将来の目標とする姿を想定し、そこから振り返って現在すべきことを考える手法。対語はフォワードキャスティング。
[74] 東芝「CSRレポート2014」(33～34ページ)を参照した。

> **コラム28** 10年後に想定される事業環境の変化

　長期経営ビジョンを設定するには、今後の長期的な社会構造変化や社会的課題の予測が前提となる。ここで、2社の事例を紹介する。
■積水化学工業は、新中期経営計画「SHINKA！-Advance 2016」の策定に当たって、10年後の事業環境の変化を次のように予測した。
- 資源・エネルギー：水・食料・原料・燃料など資源の有限性、エネルギーの多様化
- 政治・経済：アジアが世界経済を牽引、世界の経済的結び付きの拡大
- 地球環境：新興国における人口増加、気候変動、気象の激甚化、生態系の破壊
- 社会生活：各国で高齢化問題、社会保障費拡大と財政逼迫、都市基盤の老朽化

■ライオンは、新経営ビジョン「Vision2020」策定の背景として、重視すべき社会的パラダイムの変化を次のように認識した。
- 健康・快適な生き方への願い：疾病治療や長寿命化から心身の快適・充実へ
- サステナビリティの実現：人口爆発で社会環境の持続可能性へ企業の役割増大
- ゼロサムからプラスサムへの社会転換：新しい価値創造で競争型から協創型へ

（各社ホームページ資料を基に筆者作成）

●CSR長期ビジョンを設定する

　"CSR経営のめざす姿"すなわち「CSR長期ビジョン」の設定に際しても、長期的な視点に立った社会的課題を前提とすべきであるが、具体的に「CSR長期ビジョン」とはどのようなものか。基本的には「本業を通じて地球規模で環境と社会の持続可能な発展へ貢献する」となろうが、これでは抽象的すぎる。企業の業種特性や海外戦略あるいはCSR活動の現状によって異なるが、自社の

持続的成長をめざす経営戦略と連動させつつ、以下のようなことが考えられる。

▷ 「CSR長期ビジョン」の例示
- 重要な社会的課題の解決に本業を通じて貢献する
- すべてのステークホルダーに高い価値を提供する
- 人権を尊重し、グローバルに人材の多様性を推進する
- 海外事業拡大に伴うCSRリスクを回避・低減する
- 海外グループ会社・現地法人にCSR経営を浸透させる
- バリューチェーンのCSR監査と能力開発を促進する
- グローバルなCSR経営の推進体制を構築する
- すべての役職員にサステナビリティマインドを育む

　ここで「CSR長期ビジョン」の事例として、120年の歴史を持つ電子計測器メーカーのアンリツの「CSR達成像」を紹介する。同社は10年先の自社事業のあるべき姿を長期経営ビジョン「2020 VISION」(①グローバル・マーケット・リーダーになる、②事業創発で新事業を生み出す) として設定した。この事業戦略と連動する形で、2020年のCSR経営のあるべき姿として４つの達成像を明らかにした (図表７-15参照)。特にリスクマネジメントの観点から、人権課題への対応と海外現地のCSR推進をCSR戦略の基本課題と位置付けている。

### 図表7-15：アンリツの2020年「CSR達成像」

| 達成像1 | 安全・安心で快適な社会構築への貢献 |
|---|---|
| | 1．顧客へのサービス★ |
| | 2．社会課題の解決 |
| | 3．社会要請への対応 |
| 達成像2 | グローバル経済社会との調和 |
| | 4．サプライチェーンマネジメント★ |
| | 5．人権の尊重と多様性の推進★ |
| | 6．人財育成 |
| | 7．コンプライアンスの定着 |
| | 8．リスクマネジメントの推進 |
| | 9．労働安全衛生 |
| | 10．社会貢献活動の推進 |
| 達成像3 | 地球環境保護の推進 |
| | 11．環境経営の推進★ |
| 達成像4 | コミュニケーションの推進 |
| | 12．ステークホルダーとのコミュニケーション |

(注) ★は、より重要な達成課題として位置付けられる。
(資料) アンリツ「Anritsu CSR報書2014」(11ページ)を基に筆者作成

### ◉CSR中期計画を策定する

　既にCSR報告書を発行している企業では、その中で単年度ベースのCSR実施計画・目標を実績と比較し、次年度の目標を設定することが多い。それをCSR活動の全体総括表として掲載し、簡単な自己評価（○△×など）を行う企業もある。他方、当面の3～5年間における本業の「中期経営計画」の中で、CSRの戦略や計画を記載する企業もある。ただし、その詳細は説明されないことが多い。

　そこで、本業の長期経営ビジョンや中期経営計画と関係付けて、より詳細な「CSR中期計画」を別途策定し公表する企業が近年増えてきた（図表7-16参照）。

　ここで特徴的なCSR中期計画を3つ紹介しよう。川崎重工業は事業経営とCSRの統合をめざしている。そこで、長期の到達目標「めざすべき姿」である「Kawasaki事業ビジョン2020」を策定し、中期経営計画（3年サイクル）とCSR活動を一元的に推進している（図表7-17参照）。

## 図表 7-16:「CSR 中期計画」の先進事例

| 企業名 | 計画名称 | 期間(年度) |
|---|---|---|
| 東レ | 第五次CSRロードマップ | 2014 〜 2016 |
| NECフィールディング | 第三次CSR中期計画 | 2013 〜 2017 |
| 日立化成 | 第二期CSR中期計画 | 2011 〜 2015 |
| 富士フイルムHDG | Sastainable Value Plan 2016 | 2014 〜 2016 |
| コスモ石油 | 連結中期CSR計画※ | 2007 〜 2012 |
| 積水化学工業 | 新CSR中期計画 | 2014 〜 2016 |
| ブリヂストン | CSR中期経営計画 | --- |
| 川崎重工業 | 中計2013 | 2013 〜 2015 |
| アルフレッサ | 13-15CSR中期活動方針 | 2013 〜 2015 |
| 日本化薬 | 中期CSRアクションプラン | 2013 〜 2015 |
| シスメックス | CSR中期計画 | 2013 〜 2015 |
| アシックス | 中期サステナビリティ目標 | 2011 〜 2015 |
| ライオン | 2014年CSR中期目標 | 2012 〜 2014 |
| 住友ゴム工業 | 2015年度中長期目標 | 2013 〜 2015 |

(※) 現在の名称は、「CSR活動方針」となっている。
(資料) 各社公表資料より筆者作成

**図表7-17：川崎重工業における中長期のCSRロードマップ**

「中計2010」期間
（2010~2012年度）
- CSRの考え方・グループミッションとの関係性の整理
- テーマの策定
- 取り組み課題（85項目）の設定
- 取り組み体制の整備（単体）
- 部門ごとのアクションプランへの落とし込みと実施（単体）

「中計2013」期間
（2013~2015年度）
- 「ありたい姿」の再検討と取り組み課題の見直し
- 事業経営とCSRの統合推進
- グローバル・グループ（海外を含めた川崎重工グループ全体）への拡大
- サプライチェーンへの拡大
- 推進体制の充実
- ダイアログの範囲拡大

Kawasaki
事業ビジョン2020
「めざすべき姿」

（資料）2013年度「Kawasaki Report」（28ページ）を参照

　積水化学工業は、2014年4月に新中期経営計画「SHINKA！-Advance 2016」を公表した[75]。それは、今後の中長期の事業環境認識やさまざまな社会的課題の顕在化を背景に、2014年度から2016年度までの3年の基本戦略として策定された。これは「3つのビジネスモデルSHINKA」とそれを支える新CSR中期計画「CSR SHINKA」から構成される。このCSR中期計画は、以下の3つの観点から策定されている。

①**グループ**
- グループ全体へのさらなるCSR経営浸透

②**グローバル**
- 価値観を共有しグローバルで課題を解決（国内外同一目標の設定、ローカル展開でのリスク管理）

③**コミュニケーション**
- ステークホルダーとの対話拡充による企業価値の向上

---

[75] 積水化学工業のプレスリリース（2014年4月28日）を参照した。

富士フイルムも、2014年5月に同年度から始まる中期CSR計画「Sastainable Value Plan 2016」を策定した[※76]。これは、大きく「プロダクトを通じた社会的課題の解決（推進方針1）」と「事業プロセスにおける環境・社会への配慮（推進方針2、3）」から構成され、それぞれ目標が設定されている。

① 推進方針1（製品・サービスを通じた社会的課題の解決）
- 環境：地球温暖化、水問題、エネルギー問題
- 健康：医療サービスへのアクセス、疾病の早期発見など
- 生活：安全・安心な社会づくり、心の豊かさなど
- 働き方：情報の壁を超えるコミョニケーション、ダイバーシティ

② 推進方針2（生産活動などにおける環境課題への取り組み）
- 地球温暖化対策
- 資源循環
- 製品・化学物質の安全確保

③ 推進方針3（CSR基盤をバリューチェーン全体に浸透）
- コンプライアンス意識の向上とリスクマネジメントの徹底
- 多様な人材の育成と活用
- CSR視点でのバリューチェーン・マネジメントの強化

　これまでのことを総合的に勘案すると、CSR長期ビジョンを達成するための実行計画であるCSR中期計画の「基本形」として、例示ながら図表7-18のように考えることができる。

　全体的にはCSR長期ビジョンとCSR中期計画を対応させながら、まずCSR戦略の「基本課題」を明確にする。これはCSR中期計画でめざす成果を定性的に表現したものである。そのうえで、ステップ⑧で決定したCSR経営の体系やKPIを踏まえて、ガバナンスを含む環境や社会のCSR経営の取り組み領域（企業独自のもので構わない）を設定するとともに、それぞれの具体的な「個別課題」を特定する。例えば、ガバナンスではCSR教育の実施、環境では$CO_2$排出量の削減、社会では差別禁止の徹底である。これらはCSR中期計画で達成すべ

---

※76 富士フイルムホールディングスのプレスリリース（2014年5月21日）を参照した。

き具体的な目標であり、いずれもKPI目標値と実行責任者を決定する。

### 図表7-18：CSR中期計画の基本形（例示）

| | | CSR長期ビジョン<br>2025年度目標 | CSR中期計画<br>2015～2017年度 | | |
|---|---|---|---|---|---|
| CSR<br>戦略の<br>基本課題 | | ●CSR経営のバウンダリー拡大 | ●グループ全体へのCSR経営の浸透 | KPI | 責任者 |
| | | ●CSRリスクの洗い出しと低減・回避 | ●役職員へのCSR教育の徹底 | | |
| | | ●社会的課題への対応能力の向上 | ●CSRリスクマネジメントの強化 | | |
| | | ●社会的課題の事業機会への転換 | ●サプライチェーン・マネジメントの強化 | | |
| ガバナンス | | 職員のサステナビリティマインド醸成 | 主要国でのCSR教育実施 | 適宜 | 適宜 |
| | | グローバルCSR経営の体制構築 | 主要国のCSR経営体制の構築 | | |
| | | 経営の透明性向上 | ステークホルダーの意見反映 | | |
| 環境 | | 地球温暖化への対策強化 | グループ全体のCO₂排出量の削減 | 適宜 | 適宜 |
| | | 持続可能な資源循環 | グループ全体の再資源化率の向上 | | |
| | | 化学物質の安全確保 | グループでの安全基準の統一 | | |
| 社会 | | 人権尊重と人材多様性 | グループでの差別の禁止徹底 | 適宜 | 適宜 |
| | | 製品の安全・品質確保 | グループでの品質基準の統一 | | |
| | | 情報セキュリティーの確保 | 対策の徹底と情報事故の低減 | | |

（資料）筆者作成

### ●CSR中期計画を企業統治へ組み込む

「本来のCSR経営」では、企業は自らの意思決定と事業活動によるマイナスの影響を最小化すると同時に、プラスの影響を最大化するためには、自らの及ぼす社会や環境への影響を把握し、マネジメントしなければならない。そこで、マテリアルなCSR課題を反映した「CSR中期計画」を企業統治の仕組みに組み込むことになる。

企業統治とは、企業がその目的を追求するうえで意思決定し、それを実践するために用いる全社的なシステムないしプロセスである。CSRの文脈で言えば、本業の「長期経営ビジョン」と連動した「CSR長期ビジョン」の実行計画である「CSR中期計画」を経営方針として機関決定する。具体的には、例えば日本企業ではCSRの意思決定機関として典型的な「CSR委員会」(多くは社長が委員長)で正式に決定し、それを内外に公表する。それを基に、【運用段階】で経営資源の配分や単年度ベースの「CSR活動計画」などの策定を行う。

## 7.7 【運用段階】CSR経営の進化・深化を図る

　自社のマテリアルなCSR課題とその優先順位が明確になり、CSR経営の体系化とともにCSR長期ビジョンとCSR中期計画が策定されたことで、「本来のCSR」の経営への落とし込み作業は完了した。ここから、「本来のCSR経営」の【運用段階】に入る。

　"仏作って魂入れず"とならぬよう、「CSR長期ビジョン」の実現に向けて「CSR中期計画」のPDCAサイクル[※77]を回しつつ、役職員のサステナビリティ・マインドを高め、ステークホルダーとのコミュニケーションを取りながら、CSR経営の進化・深化を図る。

### (1) CSR中期計画のPDCAサイクルを回す

　マネジメント手法の一つであるPDCAサイクルは、CSR経営の運用においても有効である。一般にPDCAサイクルではPlan→Do→Check→Actのプロセスを順に実行し、最後のActでCheckの結果から最初のPlanの内容について、継続・修正・破棄のいずれかを判断し、次のPlanにつなぐ。このらせん状のプロセスを繰り返すことによって、継続的な改善活動を推進するものである。

　ここでは、【第三段階】のステップ⑨で策定した「CSR中期計画」におけるCSRパフォーマンスの目標達成のためのPDCAサイクルを確認する。ただし、Planは既に完了しているため、全体的にはCSRパフォーマンスの向上に向けたCheckが中心となる（図表7-14、7-18参照）。PDCAサイクルの各プロセスの要点は以下の通りである。

●Plan：方針・計画
① CSR経営の目的である"CSR経営のめざす姿"、すなわち「CSR長期ビジョン」におけるCSR戦略の基本課題と個別課題を確認する。
② 中期の達成目標である「CSR中期計画」の基本課題を確認する。併せて、個

---

[※77] ISO26000はマネジメントシステム規格ではないこともあり、PDCAという表現は使われていないが、7.7条ではmonitor-review-improveの解説がある。「CSR長期ビジョン」や「CSR中期計画」については、筆者独自の発想に基づくものである。

別課題とそのKPI目標値、遂行責任者を確認する。
③単年度ベースの「CSR活動計画」を策定する。

●Do：実施・運用
①単年度ベースの「CSR活動計画」の実施体制を確立し、個別課題の実行責任者を決定する。
②同時に、CheckのためのCSR活動の監視や情報収集の体制を、海外事業やサプライチェーンも念頭に置いて構築する。
③「CSR中期計画」の個別課題ごとのKPI目標値の達成をめざして、「CSR活動計画」を実施する。

●Check：点検・是正
①Checkにおける主たる作業は、次の3項目である。
- 自社のマテリアルなCSR課題やKPIを中心にCSR活動の監視（monitor）。これには異常事態の発見を含む。
- KPIの測定によるCSRパフォーマンスの点検（review）。これには進捗状況と達成度の確認、点検結果の分析・評価を含む。
- 点検結果に基づき、CSRパフォーマンスの改善（improve）を図るべく、計画や体制あるいは活動の是正すべき事項を特定する。

②CSR活動の監視では、CSR活動が意図された通りに進行しているかどうかを継続的に確認する。特に、海外事業やサプライチェーンにおける状況変化や異常事態には注意を払う。
③CSRパフォーマンスの点検では、個別課題のKPIの測定が基本となり、従前からの進捗や目標値に対する達成度の定量的な確認を行う。ただし、KPIは比較可能で実用的ではあるが、CSRのすべての側面を取り扱うには不十分である。人権・労働の分野は、その典型であろう。また、CSR中期計画の基本課題であるグループ全体の「CSR浸透度」、「CSRリスクマネジメント」の強化など測定しにくい側面もある。それにはステークホルダーの参加が効果的である。
④上記と併せて、CSRパフォーマンスの改善のためには、次のような論点から

の分析・評価も必要である。
- 成果が出たもの、出なかったものは何か？　それはなぜか？
- もっと成果を出せたものはなかったのか？
- KPIやその目標値は適切であったか？
- CSR活動計画はCSR中期計画の基本課題に沿っていたか？

### ●Act：経営層によるPlanの見直し
①CheckにおけるCSR活動の監視状況、CSRパフォーマンスの点検結果をCSR委員会で報告する（異常事態はその都度報告・対処）。
②Checkで特定した是正すべき計画・体制や活動をCSR委員会で報告し、それを反映した次年度のPlanを決定する。これには、バウンダリーの拡大や投入する経営資源の見直しも含む。

　CSR委員会ではCSR中期計画のPDCAを承認するだけでなく、その基本的な任務として、CSR戦略の基本課題（図表7-18参照）を含め、全体的な観点から次のような事項を検討すべきである。
- マテリアルなCSR課題を確実に実行できる体制（海外事業を含む）になっているか？
- 海外事業やサプライチェーンにおけるCSRの情報収集や監視体制は適切なものか？
- 意思決定において、CSRから見たリスクとチャンスの分析・評価を行っているか？
- 社内やグループ会社ではCSRの認識は高まっているか？

## (2) サステナビリティマインドの醸成とCSR浸透度の測定

　CSR中期計画のPDCAサイクルを回すことだけが、CSR経営の運用ではない。それを支えるのは企業のCSR文化であり、そのためには役職員のサステナビリティマインドを高める必要がある。

### ●役職員のサステナビリティマインドを醸成する

　CSRが企業全体に定着するためには、あらゆる階層での意識向上、すなわち役職員の「本来のCSR」の理解とサステナビリティマインドの醸成が不可欠である。そのためには、まず経営トップによる「本来のCSR」の意味と便益の納得、そして明確なコミットメントが必要である。それでも、企業内部にCSR文化を形成するには時間がかかる。しかし、既存の価値観や文化を生かしつつ、CSR経営とCSR教育を体系的に進めることが王道であろう（ただし、CSRに関する危機的状況や異常事態の発生がCSR経営への転換を促した事例もある）。

　さらに、役職員の意識向上だけでなく、自社事業に関わる社会的課題を発見し対処する能力（competency）を高めるには、ステークホルダーとの連携やコミュニケーションの促進、あるいは自社の事業特性から見て適切なCSRイニシアチブへの参加が効果的である。

### ●CSRの社内浸透度を測定する

　CSRパフォーマンスの向上やCSRリスクの回避のために、「本来のCSR」の考え方が自社の企業統治に組み込まれ、企業文化や事業構造に反映されているかどうか、適切な間隔で確認する必要がある。ここでCSRの社内浸透度のユニークな確認方法として、世界的な保険会社AXAグループの自己評価ツールを簡単に紹介しよう。

　同グループはCR（Corporate Responsibility）を経営方針とし、独自の質問項目で構成されるスコア体系を基にCR成熟度[※78]をグループ企業別に毎年測定し公表している。スコアは、株主、従業員、顧客、環境、サプライヤー、コミュニティーの6分野合計（100点満点）で計算され、5段階評価により進捗を確認する。これはKPIの統合化でもあり、企業の包括的な持続可能性を測る指標となっている。

## (3)ステークホルダーとのコミュニケーション

　従業員は内部のステークホルダーであるが、CSR経営の運用は社内だけでは

---

※78　詳細は同グループのホームページを参照されたい。

帰結しない。自社のCSRパフォーマンス向上のためには、外部のステークホルダーとのコミュニケーションも欠かせない。

## ◉ステークホルダー・エンゲージメントを推進する

ステークホルダー・エンゲージメントは、「本来のCSR経営」の【運用段階】においても基礎的な実践事項の一つである。企業にとっては、以下のような効用が期待できる。

- 自社の意思決定と事業活動がステークホルダーに及ぼす（可能性のある）影響を理解する。
- 自社の及ぼすプラスの影響を増大させ、マイナスの影響を減少させる方策を知る。
- 自社のCSR経営の枠組みや方向性、あるいはCSRパフォーマンスの進捗を客観的に確認する。
- 自社のCSRに関する情報開示や企業報告の客観的評価を得るとともに、その透明性を高める。
- 国内外の社会的課題およびその解決に向けたさまざまなガイドラインやイニシアチブあるいはグッドプラクティスを知る。

ステークホルダー・エンゲージメントについては、前節のCSRの落とし込み段階においても随所で触れたが、その目的は相互作用的な対話を通じてステークホルダーの意見や見解を聞くことである。ただし、ここで誤解してならないのは、彼らの要求や期待を必ずしも全て受け入れる必要はないということである。最終的には優先順位を含めて、企業が自ら判断すべきである。なお、声なきステークホルダーを代弁するのは、多くの場合、合理的な判断をするNPO・NGOであることも忘れてはならない。

## ◉ステークホルダーに対する影響力の行使

一方で、企業は自社のCSRパフォーマンスの向上あるいはCSRリスクの回避のために、ステークホルダーに対して影響力（influence）を及ぼすことができる。この点に関しては、これまで日本企業は「優越的地位の乱用」を気遣うあ

まり、必ずしも積極的とは言えなかった。しかし、最近ではサプライチェーン・マネジメントやリスクマネジメントの認識が高まり、"共生"方針を保ちながらもCSR調達さらにはCSR監査の動きが活発化しつつある。

　企業は、CSR経営のバウンダリーを念頭に置いて、自社の影響力を分析・評価し、自らのCSR活動計画の是正やCSRパフォーマンスの改善につなげるべきである。この作業は、ステップ④で述べたCSRデューデリジェンスとも関連するが、実際に企業がその影響力を行使するに当たっては、次のような方法がある。

- 社会的課題に関する知識や情報を共有する。
- グッドプラクティスを提示し奨励する。
- 企業自らが社会一般に向けて方針や声明を公表する。
- 特定のテーマについて特定のステークホルダーと対話する。
- 契約において要求事項やインセンティブを設定する。

【出発点】から始まり、「本来のCSR」の経営への落とし込みを経て、【運用段階】に至る手順と方法を詳細に解説してきた。企業の取り組み状況に応じて柔軟に考えていただいて構わないが、その本質的な狙いを常に念頭に置いた取り組みを切に願う。

# おわりに

## 「本来のCSR経営」は統合思考につながる

　本書では、グローバル化が加速する中、ガラパゴス化した「日本型CSR」から脱して「本来のCSR」へ転換すべきことを述べてきた。そして、いかにして「本来のCSR」を企業経営に落とし込むかを実践的に説明した。日本企業が企業価値を毀損することなく、持続可能な発展を遂げつつ、持続可能な社会の実現に貢献していただきたい。これが筆者の問題意識であり、願いである。

　さて、4章で財務情報と非財務情報を統合する「統合報告」に少し触れたが、最近では"統合型"の報告書を発行する企業が世界的に増えている。日本でも2014年には140社を超す企業が発行した。しかし、その多くは、財務情報と関連付けるべき非財務情報（CSR情報）が、「日本型CSR」の発想で記載されている。このままでは、長期戦略的な企業価値の創造には耐えられないだろう。

　IIRCが原則主義の国際統合報告フレームワークを公表して日が浅く、まだ実務的な試行錯誤の段階にあって、批判めいたことを言うのは時期尚早かもしれない。しかし、"中身"が曖昧では統合報告書にはならない。

　統合報告書の鍵を握るのは「統合思考」である。統合思考とは、長期的な企業価値の創造において、マテリアルな財務・非財務の要素間の結合性と相互依存関係を考慮に入れること、かつそのプロセスである。ここで重要な役割を果たすのが「本来のCSR」である。GRI・G4は「統合報告とサステナビリティ報告の関連性」において、このことを明記している。

　「本来のCSR」を経営戦略に組み込むためには、今後の事業環境に関わる国内外の「長期トレンド」を見据えて、「長期経営ビジョン」と、それに関連付けた「CSR長期ビジョン」を策定する必要がある。こうすることによって、「本来のCSR経営」は統合思考につながることになる。いかがであろうか。

# 刊行によせて

認定NPO法人 環境経営学会 会長　**後藤敏彦**

　日本型CSRが川村氏の言うように長い歴史があるのは事実であるが、欧米でも長い歴史があり、極論すれば法人制度が始まった直後からそれぞれの社会、歴史を反映し発展してきた。しかし昨今のCSRの直接的スタートは、1970年代の欧州を中心とした社会責任会計（生態会計）、社会報告等の動きからと考えてよい。

　概念的には現在のCSRにつながっているものの、構想の大きさに比較しデータ収集等の実務的対応が追い付かず、1980年代はむしろ下火になっていった。他方で地球環境問題が深刻さを増し、1987年の国連ブルントラント報告書「Our Common Future」などを経て1992年のリオ・サミットにつながる国際的な動きの中で、企業の環境監査、環境報告書、環境マネジメントシステム等が発展してきた。

　とりわけ、それに大きく貢献したのがGRI（Global Reporting Initiative）であったと考えている。GRI は1997年に国際的に通用する環境報告書ガイドラインを策定すべく発足したが、私が初めて参加した1998年のワシントン会議で、トリプル・ボトムラインの提唱者である英国のサステナビリティ社（当時）のジョン・エルキントン氏の「これからは環境報告ではなく、むしろサステナビリティ報告だ」という発言から方向が変わった。

　1999年の公開草案、2000年のGRI第１版（G１）が、ISO26000の策定や欧州のCSRグリーンペーパーに大きな影響を与えたと考えている。特にISOについては、規格策定に先がけて2001年に立ち上げられたハイレベル・アドバイザリーグループの座長をGRI事務局長（当時）のアレン・ホワイト氏が務めた。

　日本でもこの動きを受けて環境報告書からCSR報告書に発展させる動きが加速し、川村氏と私も関わっているNSC（ネットワーク・フォア・サステナビリティ・コミュニケーション）の1992年度の報告書では、1992年を「CSR報告書元年」と呼んでいる。

　以上のことは、欧州からスタートしたCSRが、川村氏の言う「社会基点の

CSR」であったことの証といってよい。CSRグリーンペーパーはもちろんのこと、GRIも「社会からの要請・期待」が報告ガイドラインという形でマルチセクターのメンバーで策定されたものだからである。

　さて、本書の日本におけるCSRの過去分析は極めて的確である。特に2000年代はCSRに取り組むものの目的を見失って混迷していたというのも同感である。2010年に発行されたISO26000により、それまでの地域特性型CSRが概念としてはグローバルなCSRに統一されたことや、CSRとCSVの違いなどまったく同意見である。1点だけ、CSVは経済的価値だけではない「さまざまな価値（Values）」という意味で、欧州では多いCSVsであるべきと、私は考えている。

　概念としては統一されたが、CSRの力点はそれぞれの社会で異なり、グローバル化の中では「社会基点のCSR」として、また「第二CSR」でビジネス機会につなげていくためにもステークホルダー・エンゲージメントが重要である。昨年2月に金融庁の日本版スチュワードシップ・コードが発行されたことに続き、コーポレートガバナンス・コードが今年発行されると、「本来のCSR」なき、またエンゲージメントなき企業は淘汰されるのは必至である。

　「本来のCSR」を経営に落とし込む方法も解説した本書は、まさにタイムリーな、経営トップから新入社員までのビジネスパーソン必読の書である。

2015年1月

# 索引

## 【A-Z】

Beyond Compliance ···· 23,41,62,178
CSR委員会 ······················ 170,208
CSR活動の基盤 ······················ 197
CSR監査
········ 46,55,58,61,84,146,172,203,214
CSRキュービック・チャート ········ 162
CSR経営元年 ··················· 12,25,34
CSR経営の体系化 ········ 169,194,209
CSR推進体制 ··········· 29,38,172,188
CSR戦略
············· 31,99,142,150,170,197,207
CSR中期計画（CSR中計）
··················· 169,190,195,204
CSR長期ビジョン···169,190,197,207
CSR調達 ······ 29,55,144,158,172,214
CSRとCSVに関する原則 ···· 118,120
CSRの時代区分（日本）············ 14
CSRの定義
·········· 15,38,40,62,80,88,100,129,172
CSRの7原則 ·························· 42
CSRパフォーマンス ············ 84,209
CSR報告書 ············ 24,27,30,35,90,
                    105,129,191,204
CSRリスク········ 48,52,68,85,140,143,
                158,178,186,203,212

CSV（共有価値の創造）
········· 70,80,102,106,121,129,136,158
EICC ······························ 146,156
ESG（環境・社会・ガバナンス）
································· 95,153
GRIガイドライン
························27,99,129,138,170
IIRC（国際統合報告評議会）
································· 95,102,170
ILO（国際労働機関）··············· 46
ISO14001 ························ 20,23,34
ISO26000 ···15,32,36,40,55,62,66,80,
            106,128,150,163,173,197
JEITA ································ 157
KPI（主要業績評価指標）
··················· 90,150,169,194,197,208
OECD多国籍企業行動指針
··················· 99,137,140,144,165
PDCA ······· 21,24,38,92,170,197,209
Social License to Operate
································· 132,151,155
SRI（社会的責任投資）········ 26,186
Sustainability Context ············· 200

## 【あ行】

安全の外部化 ···························149

索引

インテグリティ(経営の誠実さ) ……… 162
影響力の範囲 ………………… 41,188
エコファンド ………………… 20,29
欧米型CSR ……………… 13,25,55,63

## 【か行】

海外現地法人 ……… 49,85,110,131,
　　　　　　　　　140,174,187,203
加担 …………… 46,56,84,156,164,184
環境格付 ……………………… 21
環境経営 ……………… 20,29,34,172
環境報告書 …………………… 34
環境マネジメントシステム …… 20,24,92
木川田一隆 …………………… 132
機関投資家 ………………… 29,152
企業基点 ……………………… 22,128
企業行動憲章 …………… 20,26,30,90
企業市民
　………… 19,23,36,62,74,106,141,196
基盤的CSR …………………… 162
強制労働 ……………… 46,56,145,147
キャパシティ・ビルディング ……… 147
グリーン調達 ………………… 23,29
経営戦略
　……… 39,95,111,117,157,182,190,199
経済同友会 ………… 12,27,31,57,132

経団連、日本経団連
　……………………… 19,26,30,55,90
国際統合報告フレームワーク
　……………………………… 95,170
国連グローバル・コンパクト
　…………………… 27,57,104,138,153
国連ビジネスと人権に関する
指導原則 ………………… 120,138
国連ミレニアム開発目標（MDGs）
　……………………………… 137
コミュニティーの発展 ………… 163
コーポレート・ガバナンス(企業統治)
　……… 18,26,30,43,55,68,80,128,
　　　　　　162,172,183,197,208,212
コンプライアンス（法令順守）
　……… 13,17,20,36,41,54,62,66,
　　　　128,134,162,177,185,196,206

## 【さ行】

再生可能エネルギー …………… 184
サステナビリティ報告 ………… 104
サプライチェーン …… 21,42,48,67,75,
　　　　83,99,110,131,155,175,183,201,210
産業公害 ……………… 17,23,78,115
事業環境（長期トレンド）
　……………………………… 95,199,200

219

事業慣行 ……  80,111,139,163,184,197
持続可能性 ……  15,21,27,35,60,68,74,
　　　　81,96,129,136,150,170,183,195,212
児童労働 ………  46,56,75,144,147,155
社会貢献活動
　………………  19,66,73,80,106,134,197
社会基点 ……………  22,128,163,194
社会的課題 ……  26,46,55,58,70,88,95,
　　　　　　　　102,107,128,162,212
消費者課題 ………………  43,80,163
人権
　…  24,36,43,52,78,99,128,162,197,210
ステークホルダー
　……  14,22,40,62,67,80,110,128,150,169
ステークホルダー・エンゲージメント
　………………  47,82,89,108,132,143,
　　　　　　　　152,169,175,190,213
生物多様性 ………  110,139,150,185,196
責任投資原則（PRI）…………  96,152
ソフトロー、ハードロー ……  42,178

【た行】
ダイバーシティ（多様性）
　……………  103,141,184,196,203,207
地球温暖化（気候変動）
　………  20,34,96,110,135,184,201,207

地球環境問題 ……………  20,34,175
地球サミット（リオ・サミット）
　………………………………  20,24,34
中核主題
　………  40,43,62,80,84,163,173,192
デューデリジェンス ……  46,54,57,78,
　　　　84,89,102,108,112,140,155,164,214
統合思考 ……………………………  104
統合報告、統合報告書 ………  95,104
ドラッカー ……………  76,80,106,110
トレーサビリティ ……  29,148,156,184

【な行】
日本型CSR
　…………  12,38,40,66,128,143,162,177

【は行】
バウンダリー ……  87,157,169,186,214
バリューチェーン
　……………  43,71,87,100,110,163,186
フィランソロピー
　………………………  20,73,106,110,141
プロセス ………  24,40,64,69,84,92,104,
　　　　　　　　108,129,158,164,174,207
プロダクト ………  39,42,64,69,92,108,
　　　　　　　　129,158,163,174,207

紛争鉱物 ………………… 144,155,184
ホリスティック・アプローチ ………… 43
プロボノ ……………………………106
本来のCSR …… 13,62,67,85,107,128,
　　　　　　　　158,162,190,199,209

## 【ま行】

マイケル・E・ポーター ……… 70,106
マテリアリティ
　……………113,134,150,157,169,182
マテリアリティ・マッピング ……… 190

## 【や行】

## 【ら行】

ラナプラザ・ビル事故 ………… 146
利益至上主義 ………………… 18,128
リスク・チャンス
　………………… 144,157,171,184,191
労働慣行 ……………… 43,80,163,184

## 【わ行】

ワーク・ライフ・バランス
　………………………… 142,178,184

参考文献

## 全般

- 高巖・辻義信・S.T.Davis・瀬尾隆史・久保田政一著（2003）『企業の社会的責任―求められる新たな経営観』日本規格協会
- 谷本寛治編著（2004）『CSR 経営―企業の社会的責任とステイクホルダー』中央経済社
- 岡本享二著（2004）『CSR 入門―「企業の社会的責任」とは何か』日本経済新聞出版社
- 水尾順一・田中宏司著（2004）『CSR マネジメント―ステークホルダーとの共生と企業の社会的責任』生産性出版
- 伊吹英子著（2005）『CSR 経営戦略』東洋経済新報社
- 谷本寛治著（2007）『SRI と新しい企業・金融』東洋経済新報社
- 鈴木幸毅・百田義治編著（2008）『企業社会責任の研究』中央経済社
- 八木俊輔著（2011）『現代企業と持続可能なマネジメント―環境経営と CSR の統合理論の構築』ミネルヴァ書房
- 安井至著「21世紀版"成長の限界"検討会」（2012）『地球の破綻―Bankruptcy of the Earth　21世紀版成長の限界』日本規格協会
- 英『エコノミスト』編集部著、船橋洋一解説、東江一紀・峯村利哉訳（2012）『2050年の世界―英『エコノミスト』誌は予測する』文藝春秋
- 山本良一・高岡美佳編著、SPEED 研究会監修（2013）『宇宙船地球号のグランドデザイン―ビジネスと自然は「共存」「持続的発展」できるのか？』生産性出版

## 第1編　岐路に立つ日本の CSR

### 1章　日本型 CSR はいかに形成されたのか
- 経済同友会（1956）「経営者の社会的責任の自覚と実践」
- 森本三男著（1994）『企業社会責任の経営学的研究』白桃書房

◉ 川村雅彦（2003）「2003 年は『日本の CSR 経営元年』」ニッセイ基礎研レポート、ニッセイ基礎研究所
◉ 川村雅彦（2004）「日本の『企業の社会的責任』の系譜（その1）」ニッセイ基礎研レポート、ニッセイ基礎研究所
◉ 川村雅彦（2005）「日本の『企業の社会的責任』の系譜（その2）」ニッセイ基礎研レポート、ニッセイ基礎研究所
◉ 藤井敏彦著（2005）『ヨーロッパの CSR と日本の CSR ―何が違い、何を学ぶのか。』日科技連出版社
◉ 松野弘・堀越芳昭・合力知工編著（2006）『「企業の社会的責任論」の形成と展開』ミネルヴァ書房

## 2章　2000年代から始まったCSR経営の模索

◉ 環境省（1998～2005）「環境にやさしい企業行動調査」各年度版
◉ 経済同友会（2003）「第15回企業白書『市場の進化』と社会的責任経営」
◉ NSC（2006）「2006年度 CSR 部会活動報告書」
◉ 川村雅彦（2006）「CSR 経営で何をめざすのか？」ニッセイ基礎研所報、ニッセイ基礎研究所
◉ 川村雅彦（2007）「金融機関の本業における CSR を考える」ニッセイ基礎研所報、ニッセイ基礎研究所
◉ 川村雅彦（2008）「機関投資家と SRI の新しい可能性」ニッセイ基礎研レポート、ニッセイ基礎研究所
◉ 日本経団連（2009）「CSR（企業の社会的責任）に関するアンケート調査結果」
◉ 環境経営学会（2008）『サステナブル経営格付／診断の狙いと特徴』
◉ 川村雅彦（2012）「日本の『CSR 経営元年』から 10 年」ニッセイ基礎研レポート、ニッセイ基礎研究所

## 3章　海外では通用しない日本型CSR

◉ ISO（2010）"INTERNATIONAL STANDARD ISO26000　Guidance on social responsibility　First edition 2010"
◉ 日本経団連（2010）「企業行動憲章 2010 年改正」

- ◉経済同友会（2010）「日本企業の CSR―進化の軌跡―『自己評価レポート 2010』」
- ◉小河光生編著（2010）『ISO26000 で経営はこう変わる』日本経済新聞出版社
- ◉関正雄著（2011）『ISO26000 を読む―人権・労働・環境……。社会的責任の国際規格：ISO/SR とは何か』日科技連出版社
- ◉経済産業省（2013）「第 42 回海外事業活動基本調査」
- ◉川村雅彦（2013）「サプライチェーンの CSR リスクに疎い日本企業（その1）」ニッセイ基礎研レポート、ニッセイ基礎研究所
- ◉川村雅彦（2013）「サプライチェーンの CSR リスクに疎い日本企業（その2）」ニッセイ基礎研レポート、ニッセイ基礎研究所
- ◉川村雅彦（2014）「社会的課題のビジネス・インパクトに気付き始めた日本企業」ニッセイ基礎研レポート、ニッセイ基礎研究所
- ◉環境経営学会（2014）「サプライチェーン・サステナビリティ診断ツール」

## 第2編　本来の CSR の姿

4章　CSR の本来の意味
- ◉P.F. ドラッカー著、上田惇生編訳（2001）『マネジメント〔エッセンシャル版〕―基本と原則』ダイヤモンド社
- ◉Porter,M., and Kramer,M（2011）"Creating Shared Value" Harvard Business Review, Jan-Feb.
- ◉ダイヤモンド社訳「共通価値の戦略」（『ダイヤモンド・ハーバード・ビジネス・レビュー』2011 年 6 月号）、ダイヤモンド社
- ◉IIRC（2013）「国際統合報告フレームワーク」
- ◉GRI（2013）「持続可能性報告ガイドライン第 4 版」

5章　第一 CSR と第二 CSR を提唱する
- ◉仁木一彦著（2012）『儲からない CSR はやめなさい！』日本経済新聞出版社

- 川村雅彦（2012）「最近はやり（？）の儲かるCSR」ニッセイ基礎研「研究員の眼」、ニッセイ基礎研究所
- 赤池学・水上武彦著（2013）『CSV経営』NTT出版
- 川村雅彦（2013）「CSVはCSRの進化形だろうか？」ニッセイ基礎研レポート、ニッセイ基礎研究所
- 藤井剛著（2014）『CSV時代のイノベーション戦略』ファーストプレス
- CSRとCSVを考える会（2014）「CSRとCSVに関する原則」

## 第3編　いかに本来のCSRを経営に落とし込むか

### 6章　社会的課題から考える本来のCSR経営

- UNGC（2000）「国連グローバル・コンパクト」
- IFC（2006）「環境社会配慮に関するパフォーマンス・スタンダード」
- アジア・太平洋人権情報センター（2010）『企業の社会的責任と人権の諸相（アジア・太平洋人権レビュー2010）』現代人文社
- 国際連合人権理事会（2011）「ビジネスと人権に関する指導原則」（ラギーレポート）
- 岩井克人・小宮山宏編著（2014）『会社は社会を変えられる―社会問題と事業を〈統合〉するCSR戦略』プレジデント社
- 経済同友会（2014）「日本企業のCSR―自己評価レポート2014」

### 7章　「本来のCSR」を経営に落とし込む方法

- 経済産業省（2014）「国際的な企業活動におけるCSR（企業の社会的責任）の課題とそのマネジメントに関する調査」
- 川村雅彦（2013）「『統合思考』による発想の転換を！」ニッセイ基礎研レポート、ニッセイ基礎研究所
- 川村雅彦（2014）「今、統合報告書は必要か？（その1）」ニッセイ基礎研レポート、ニッセイ基礎研究所

【著者略歴】

## 川村雅彦（かわむら・まさひこ）

株式会社ニッセイ基礎研究所上席研究員。環境経営学会副会長。1976年九州大学大学院工学研究科修士課程（土木）修了後、三井海洋開発株式会社に入社、海底石油関連のプロジェクト・マネジメントに従事。1988年に株式会社ニッセイ基礎研究所入社。環境経営、環境格付、CSR経営、環境ビジネス、統合報告を中心に調査研究に従事。主な著書に、『統合報告書による情報開示の新潮流』（共著、同文舘出版、2014年）、『カーボン・ディスクロージャー――企業の気候変動情報の開示動向』（編著、税務経理協会、2011年）、『金融サービス業のガバナンス』（共著、金融財政事情研究会、2009年）、『SRIと新しい企業・金融』（共著、東洋経済新報社、2007年）などがある。

# CSR経営 パーフェクトガイド

0126

2015年2月18日　初版第1刷発行

著　者　　川村雅彦
発行者　　林　利和
編集人　　森西美奈

発行所　　ウィズワークス株式会社
　　　　　〒160-0022
　　　　　東京都新宿区新宿1-26-6　新宿加藤ビルディング5F
　　　　　TEL　03-5312-7473
　　　　　FAX　03-5312-7476
　　　　　http://wis-works.jp/
　　　　　※Nanaブックスはウィズワークス株式会社の出版ブランドです

装　丁　　井上祥邦（yockdesign）
DTP　　　福原武志
校　正　　鈴木健一郎

印刷・製本　三松堂株式会社

©Masahiko Kawamura 2015 Printed in Japan
ISBN 978-4-904899-46-5
落丁本・乱丁本は、送料小社負担にてお取り替えいたします。